Aprendamos Las Figuras
Con Camron y Chloe

Denver International SchoolHouse

Aprendamos Las Figuras con Camron y Chloe
Denver International SchoolHouse

© 2020 Denver International SchoolHouse

All rights reserved. No part of this publication may be reproduced, stored in a retrieval system or transmited in any form or by any means, electronic, mechanical, photocopying, recording or otherwise without the prior permision of the publisher or in accordance with the provisions of the Copyright, Designs and Patents Act 1988 or under the terms of any licence permitting limited copying issued by the Copyright Licensing Angency.

ISBN : 978-1-7358013-3-9

Nombre:_____

Círculo

Traza los **círculos**.

Traza la palabra.

círculo

Denver International SchoolHouse

Nombre:_____

Círculo

Traza los **círculos**.

Nombre:_____

Círculo

*Traza los **círculos** y luego colorea.*

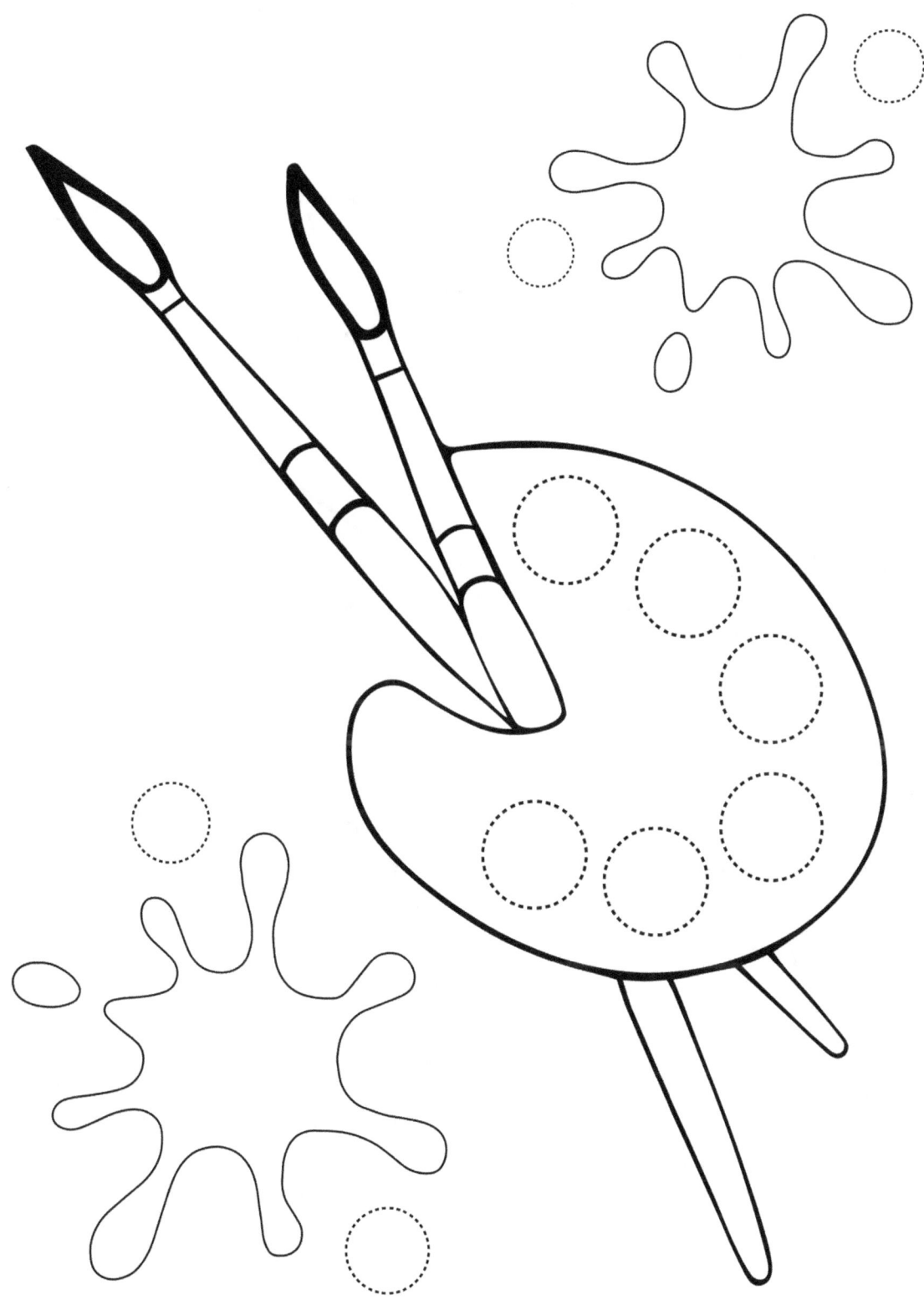

3   Denver International SchoolHouse

Nombre:_____

Círculo

Colorea los *círculos*.

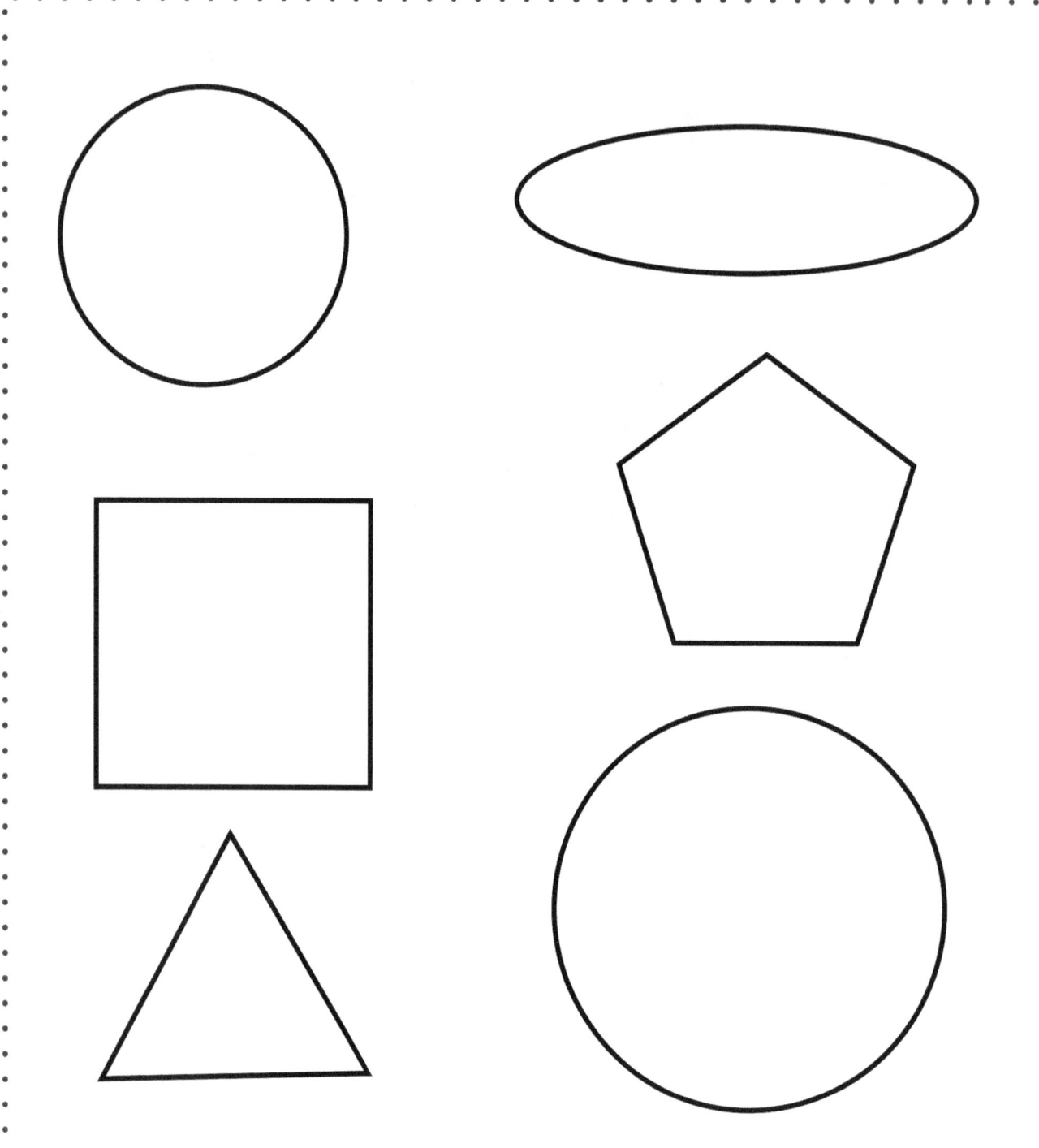

Denver International SchoolHouse

Nombre:_____

Traza, colorea y escribe

Traza y colorea cada **círculo** con el crayón correcto.

Lee la palabra. Traza la palabra. Escribe la palabra por tu cuenta.

| círculo | círculo |

Nombre:_____

Círculo

*Practica dibujar **círculos**.*

*Practica escribir **círculo** por tu cuenta.*

Denver International SchoolHouse

Nombre:_____

Cuadrado

Traza los **cuadrados**.

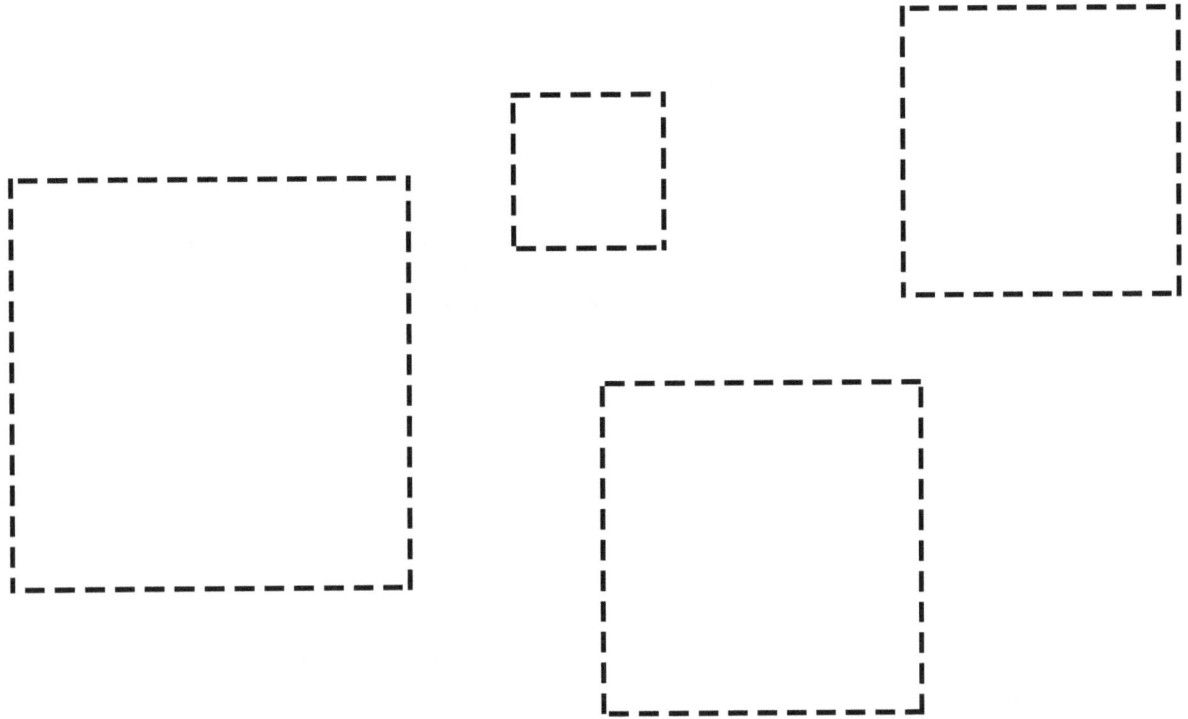

Traza la palabra.

cuadrado

Denver International SchoolHouse

Nombre:_____

Cuadrado

Traza los **cuadrados**.

Denver International SchoolHouse

Nombre:_____

Cuadrado

*Traza los **cuadrados** y luego colorea.*

Nombre:_____

Cuadrado

Colorea los **cuadrados**.

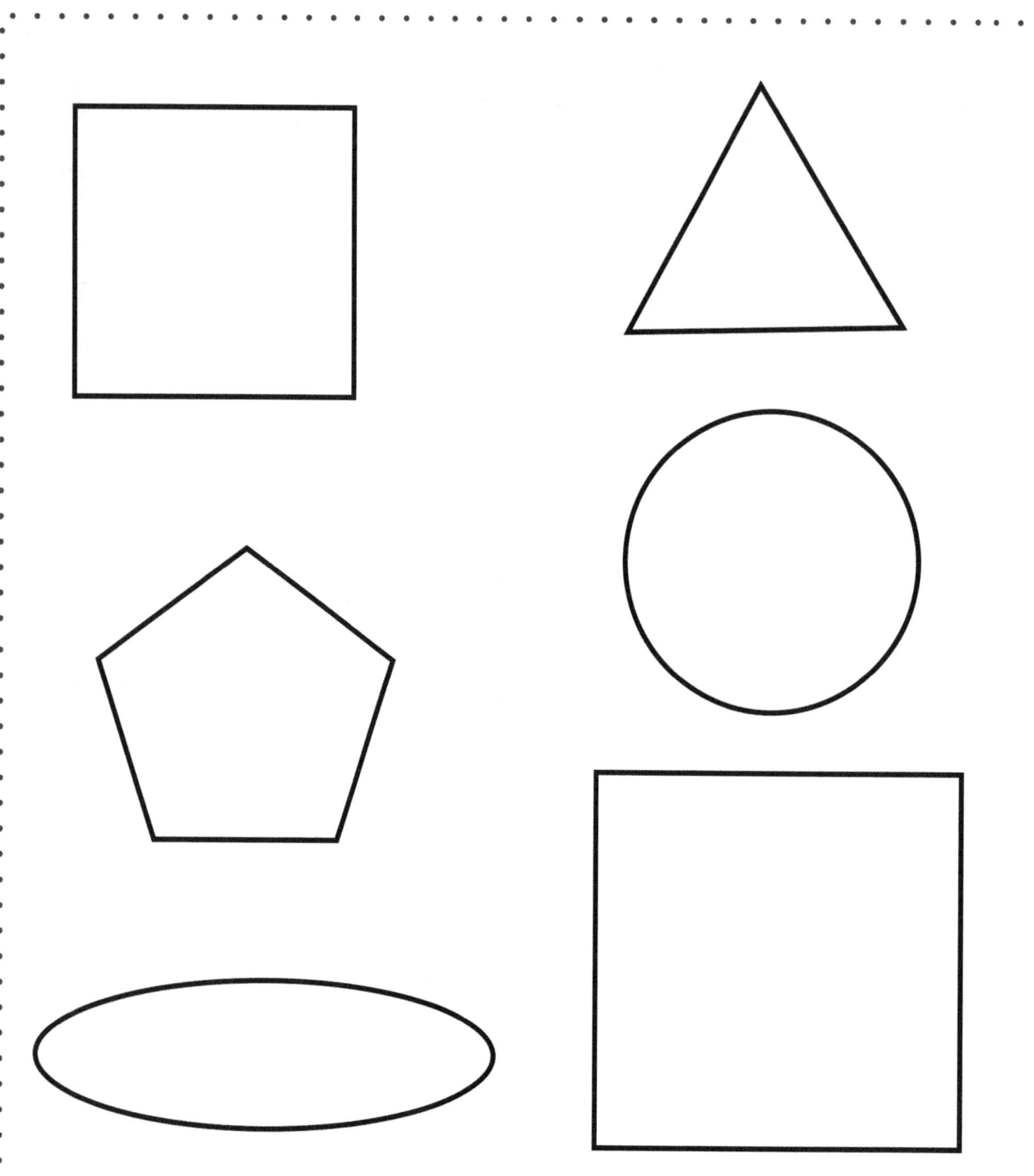

Nombre:_____

Traza, colorea y escribe

*Traza y colorea cada **cuadrado** con el crayón correcto.*

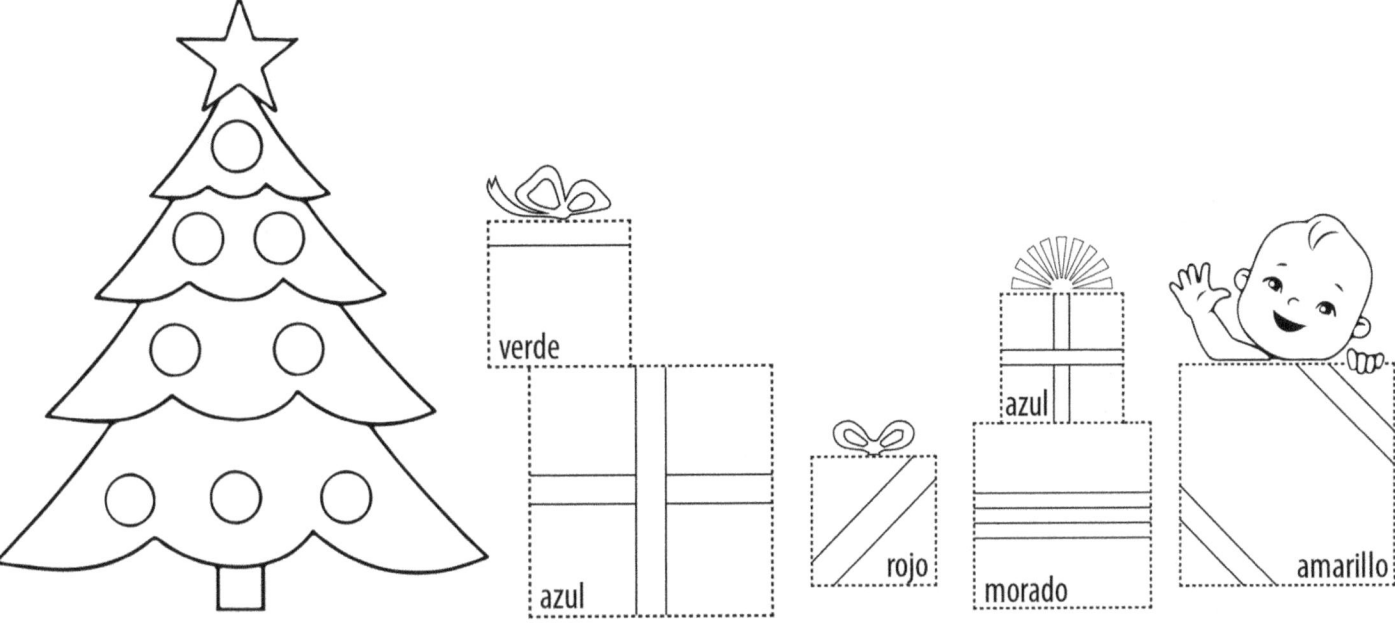

Lee la palabra. Traza la palabra. Escribe la palabra por tu cuenta.

| cuadrado | cuadrado |

11 Denver International SchoolHouse

Nombre:_____

Cuadrado

Practica dibujar **cuadrados**.

Practica escribir **cuadrado** por tu cuenta.

Nombre:_____

Cubo

Traza los **cubos**.

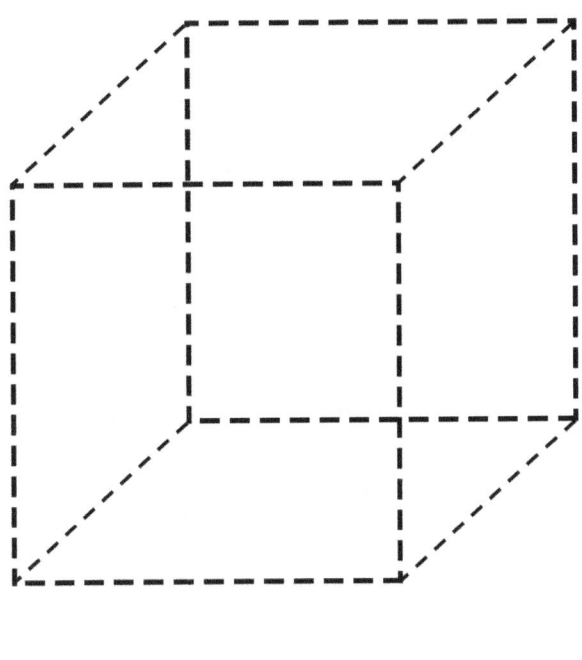 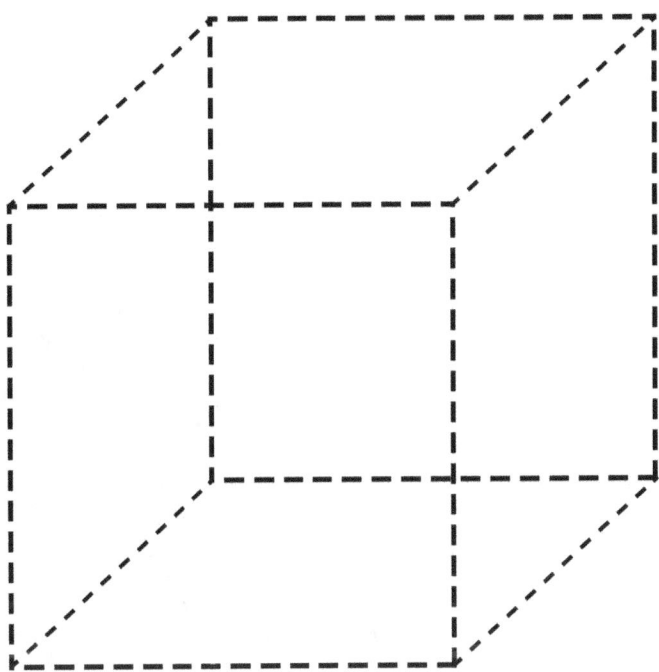

Traza la palabra.

Nombre:_____

Cubo

Traza los *cubos*.

Denver International SchoolHouse

Nombre:_____

Cubo

*Traza los **cubos** y luego colorea.*

15　　Denver International SchoolHouse

Nombre:_____

Cubo

Colorea los *cubos*.

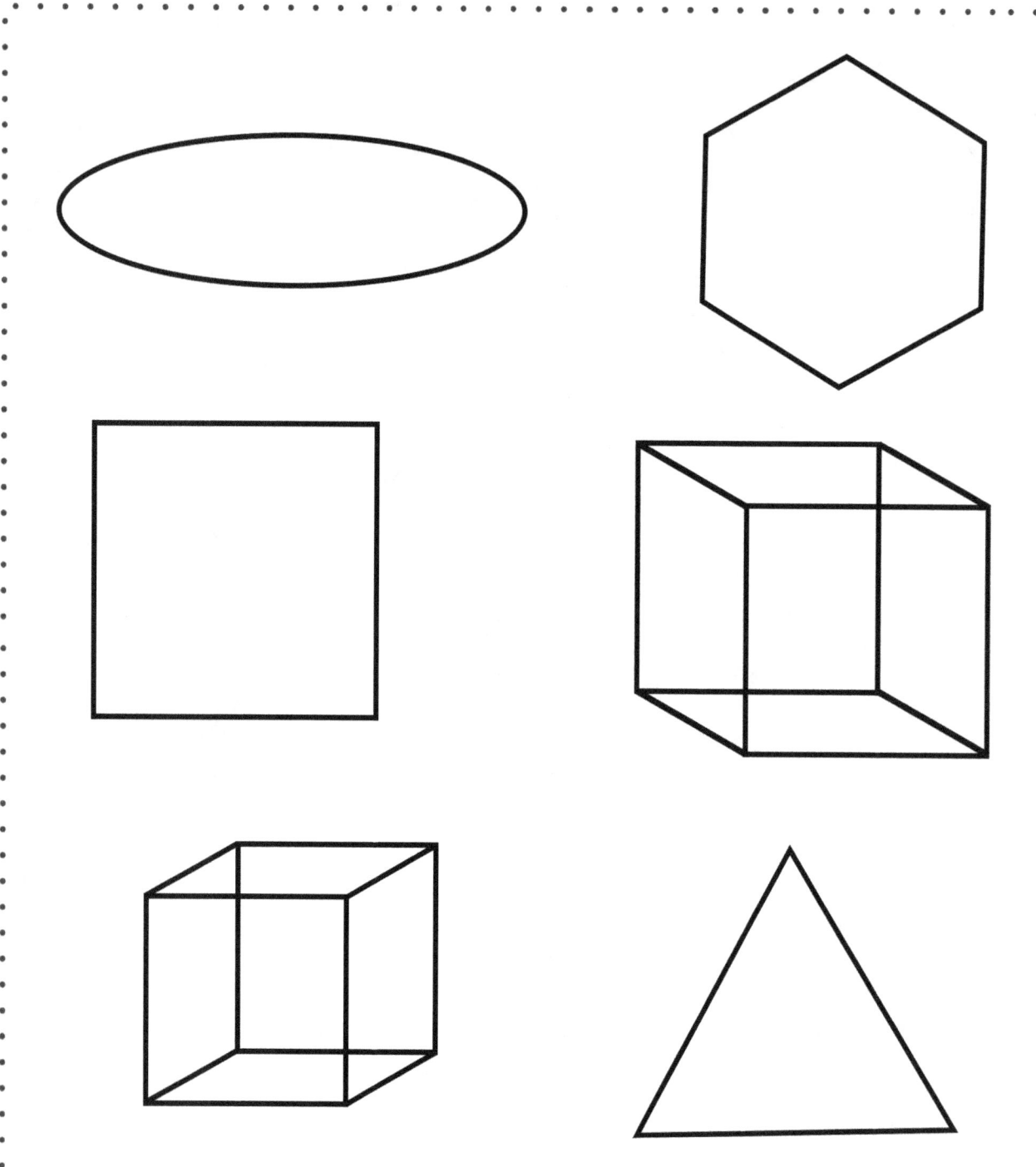

Denver International SchoolHouse

Traza, colorea y escribe

Traza y colorea cada **cubo** con el crayón correcto.

Lee la palabra. Traza la palabra. Escribe la palabra por tu cuenta.

cubo

cubo

Denver International SchoolHouse

Nombre:_____

Cubo

Practica dibujar **cubos**.

Practica escribir **cubo** por tu cuenta.

Denver International SchoolHouse

Nombre:_____

Triángulo

*Traza los **Triángulos**.*

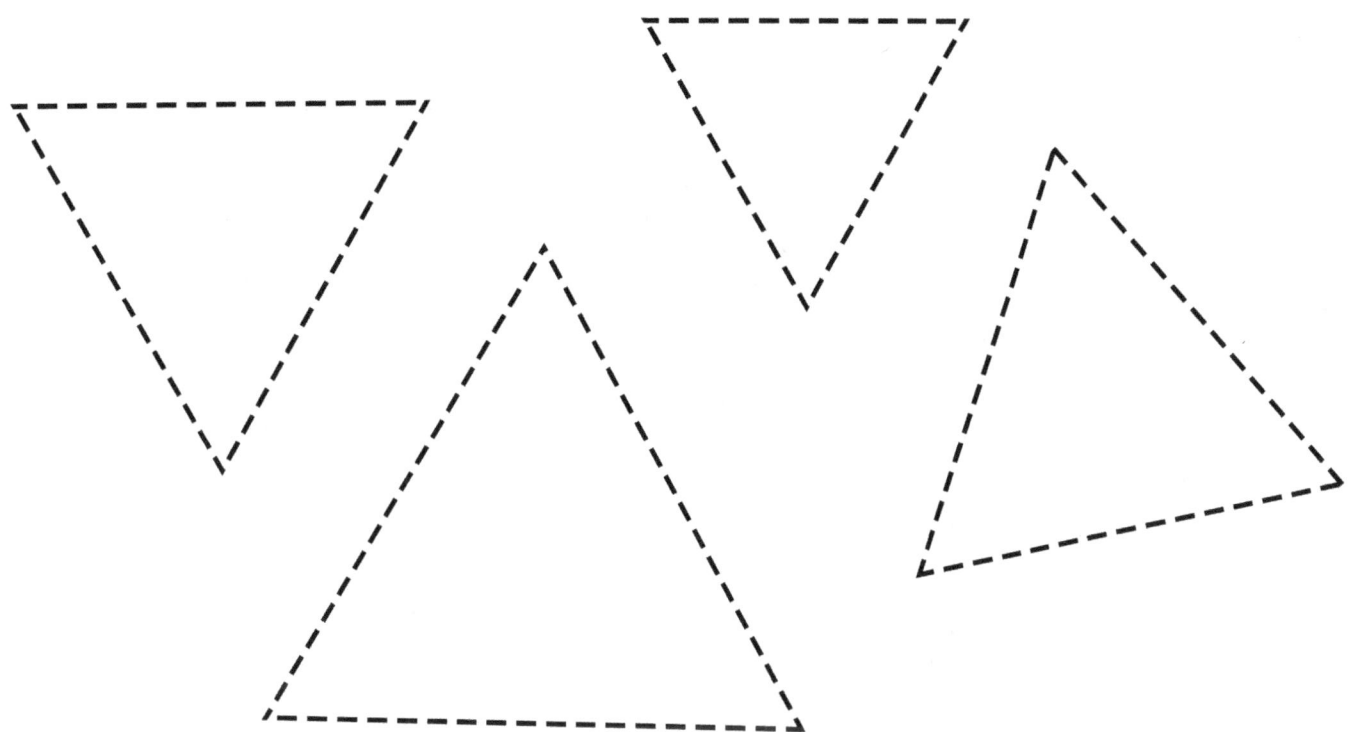

Traza la palabra.

triángulo

Nombre:_____

Triángulo

Traza los **triángulos**.

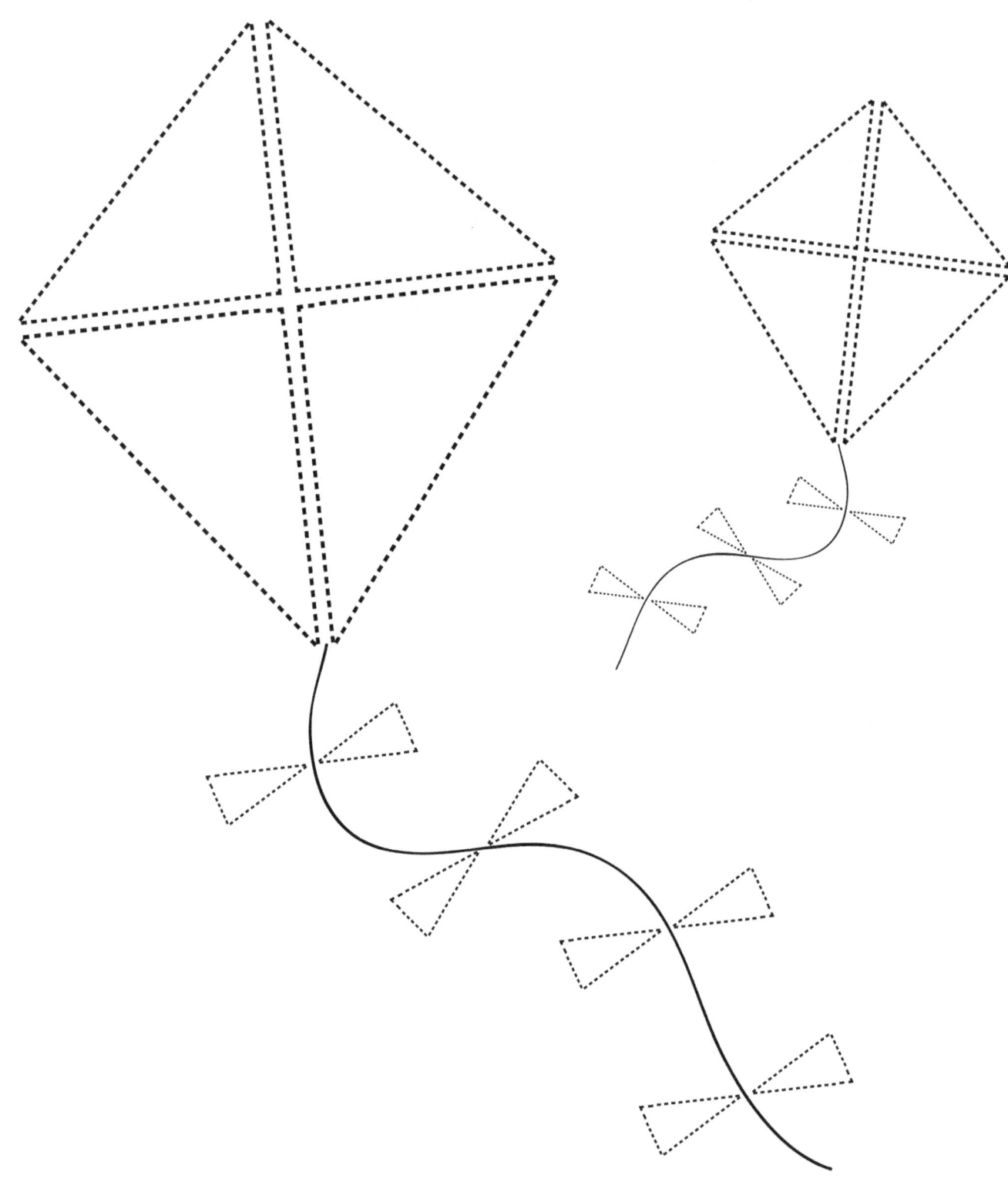

Denver International SchoolHouse

Nombre:_____

Triángulo

*Traza los **triángulos** y luego colorea.*

Nombre:_____

Triángulo

*Colorea los **triángulos**.*

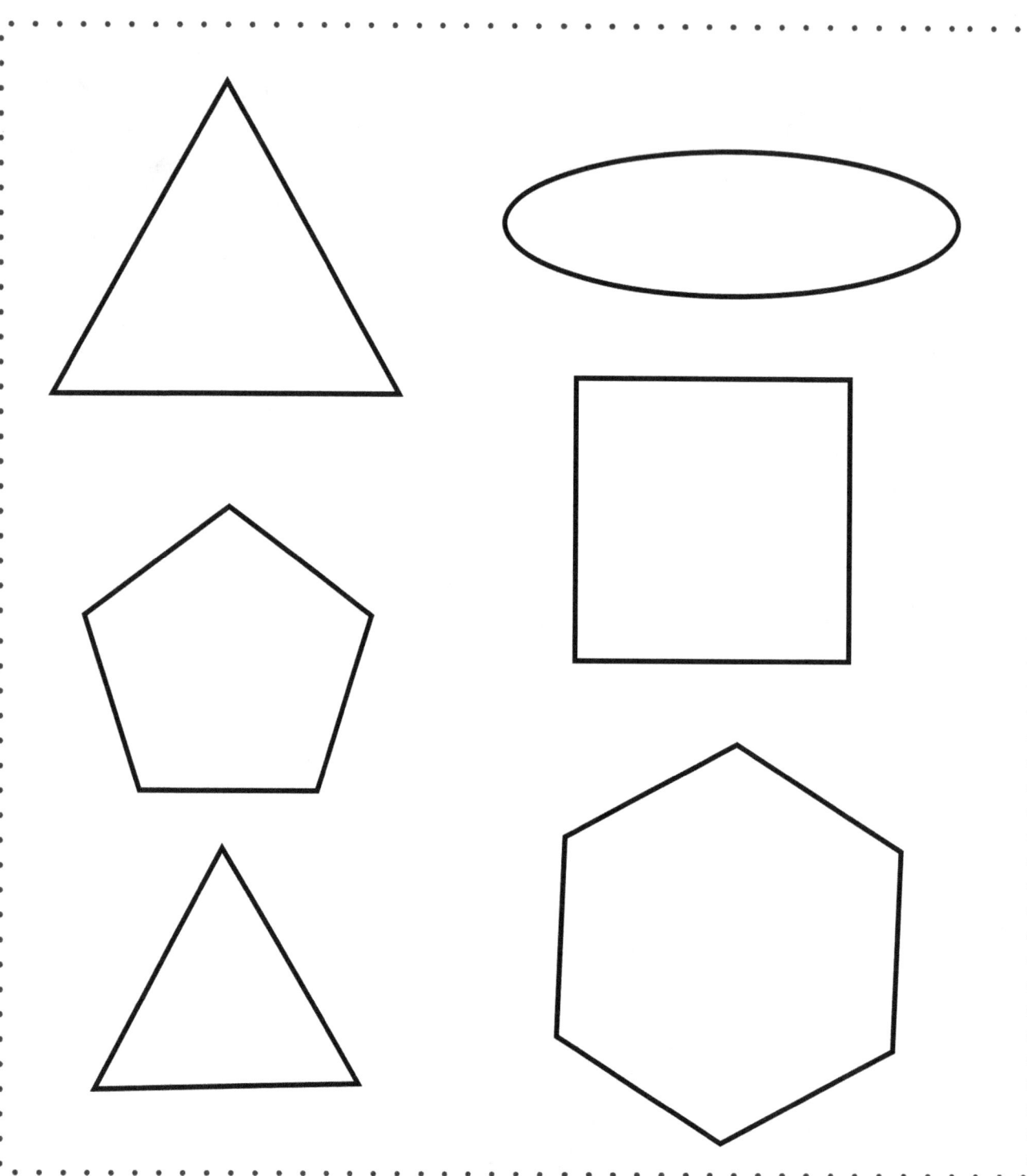

Nombre:_____

Traza, colorea y escribe

*Traza y colorea cada **triángulo** con el crayón correcto.*

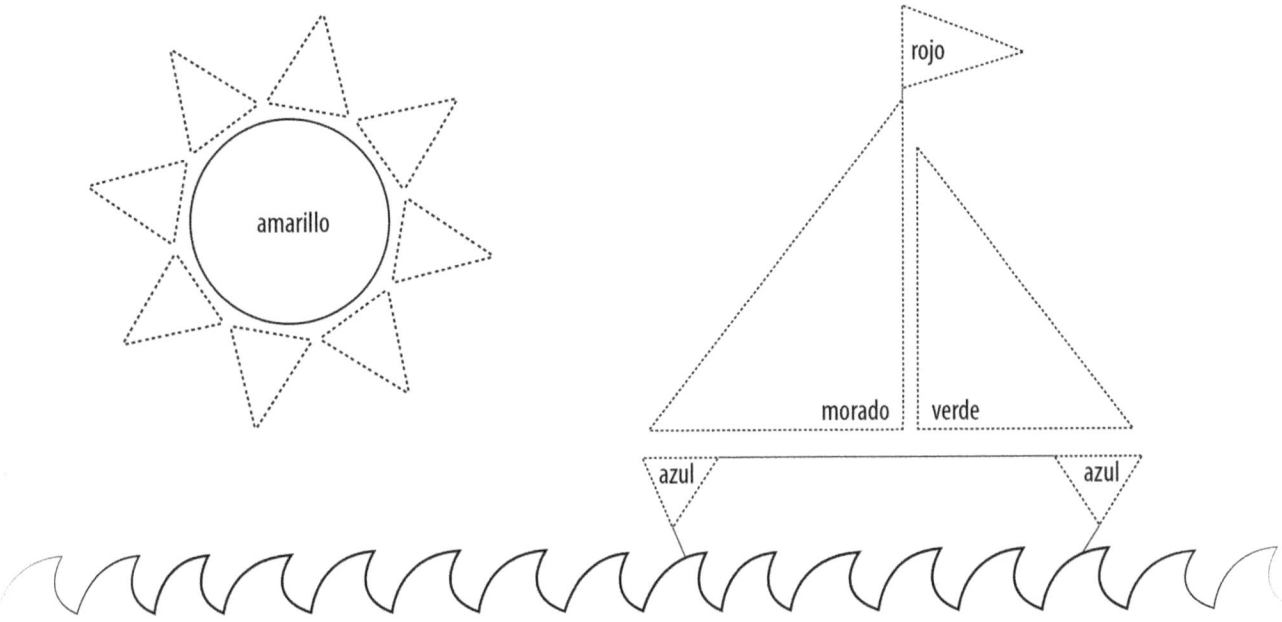

Lee la palabra. Traza la palabra. Escribe la palabra por tu cuenta.

| triángulo | triángulo |

Nombre:_____

Triángulo

Practica dibujar **triángulos**.

Practica escribir **triángulo** por tu cuenta.

Nombre:_____

Trapezoide

*Traza los **trapezoides**.*

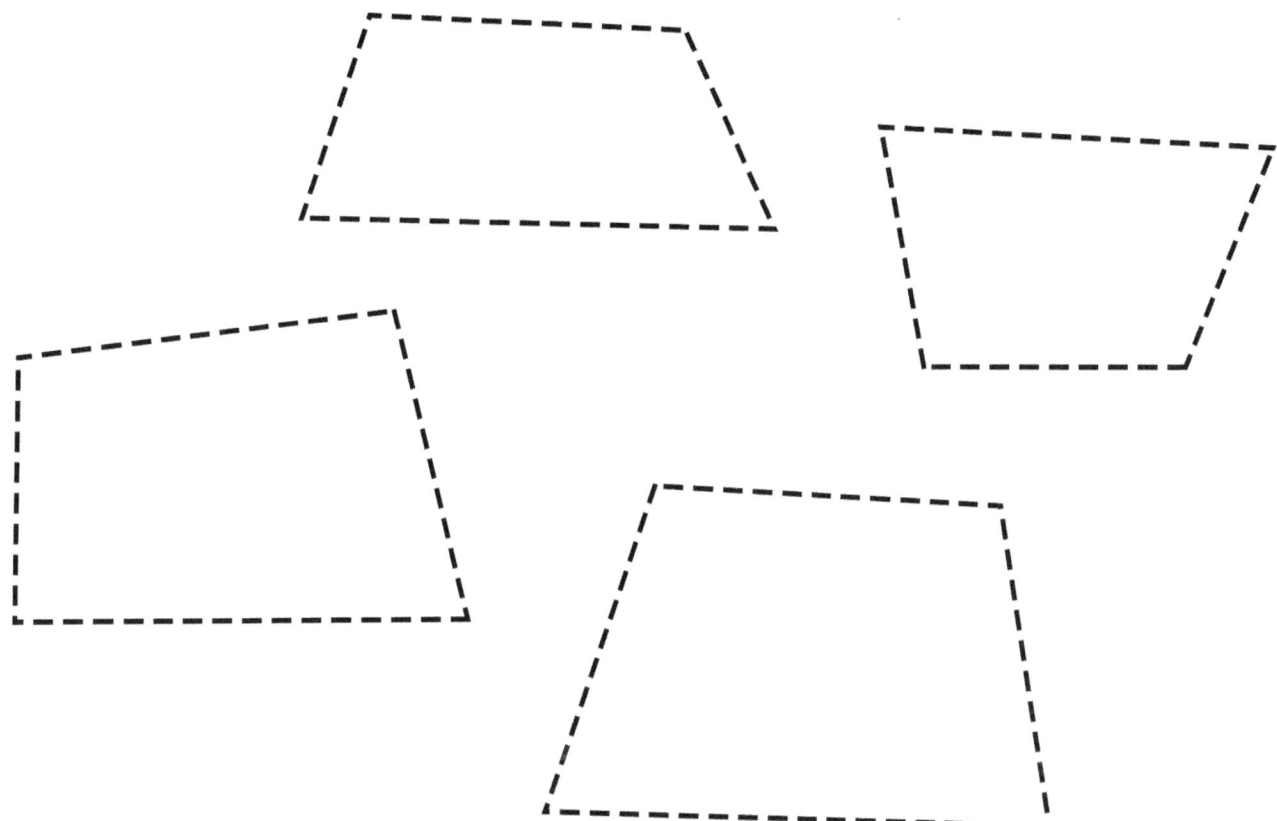

Traza la palabra.

trapezoide

Trapezoide

*Traza los **trapezoides**.*

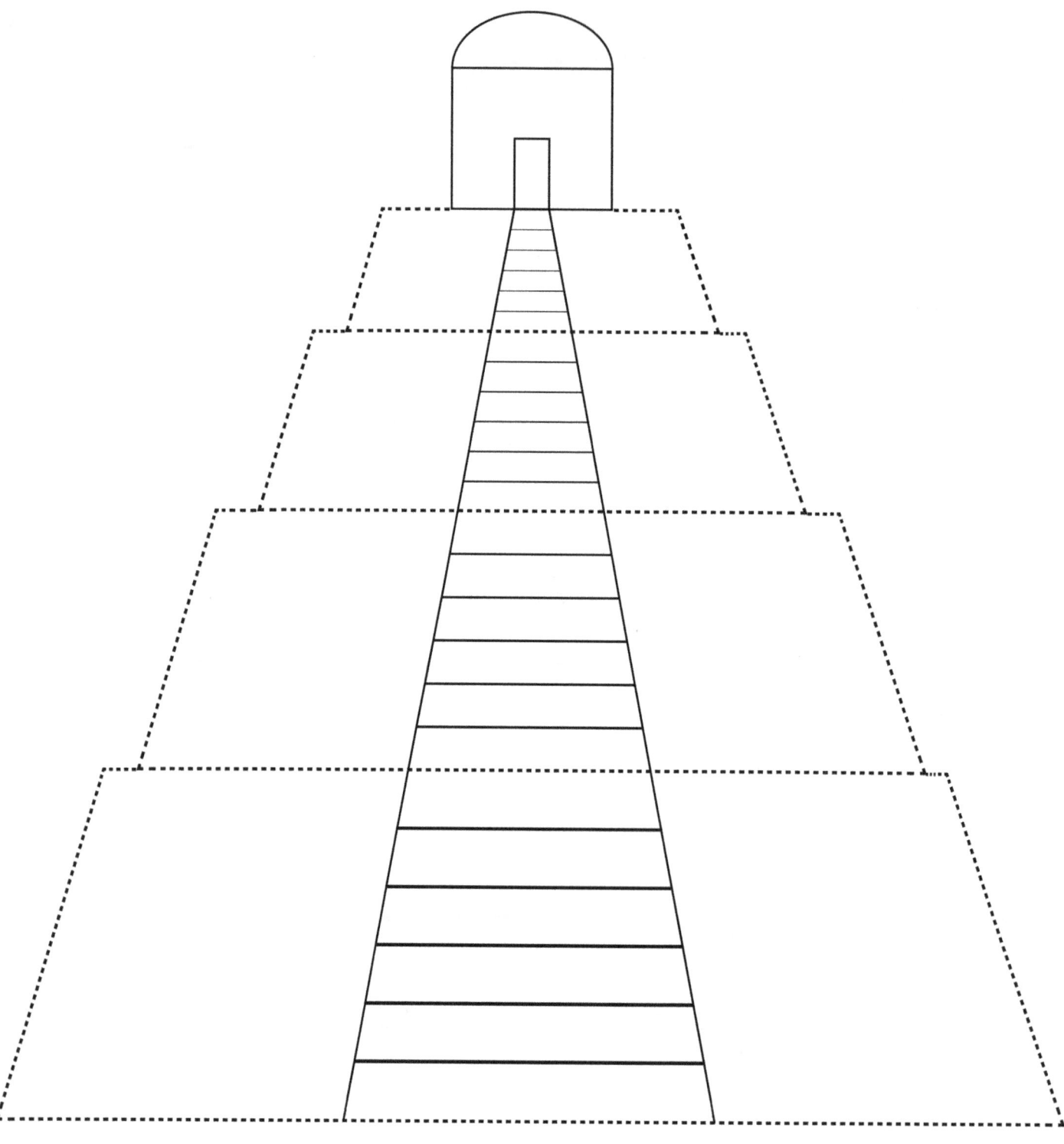

Nombre:_____

Trapezoide

*Traza los **trapezoides** y luego colorea.*

Nombre:_____

Trapezoide

*Colorea los **trapeziodes**.*

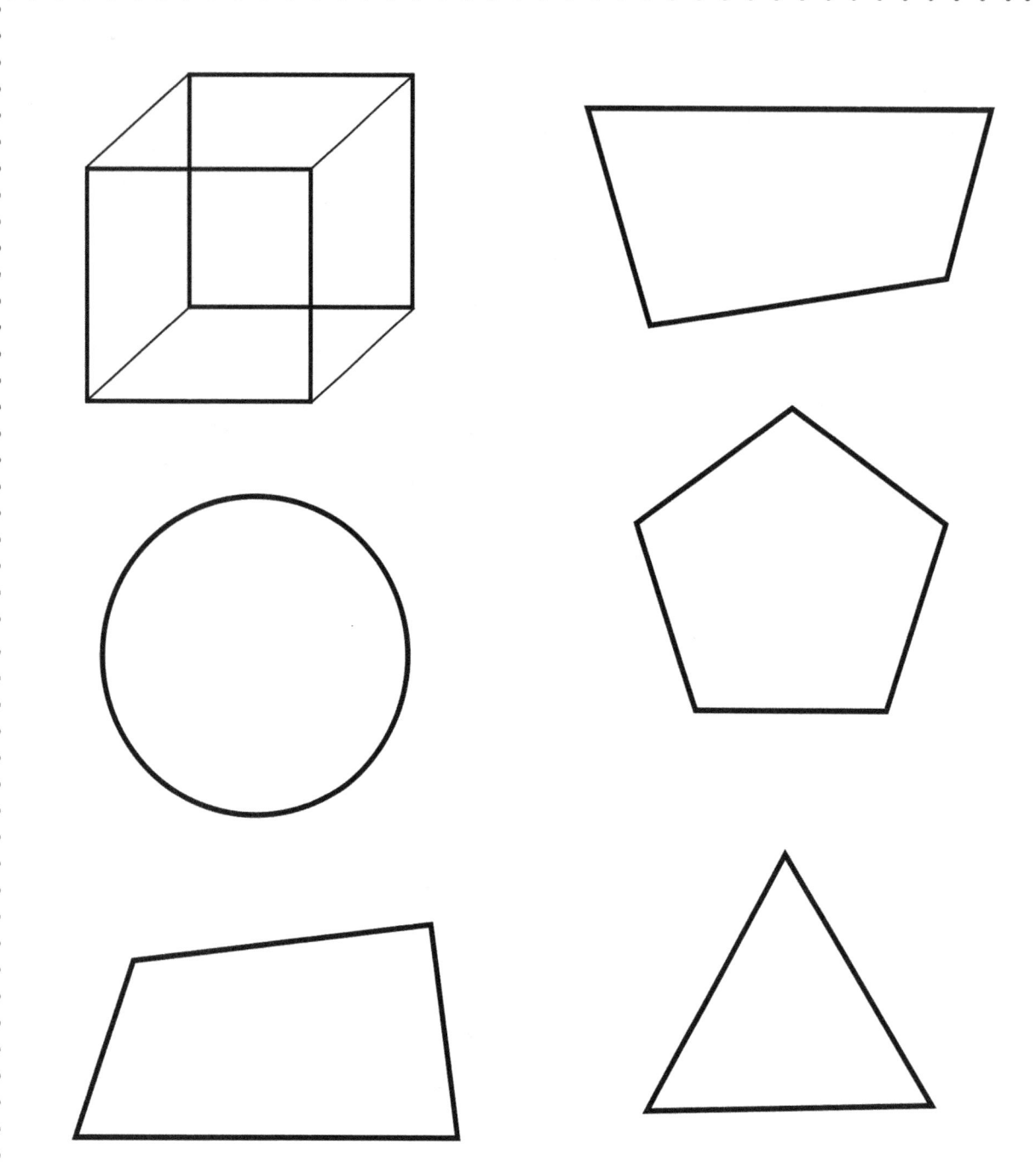

Denver International SchoolHouse

Nombre:_____

Traza, colorea y escribe

Traza y colorea cada **trapezoide** con el crayón correcto.

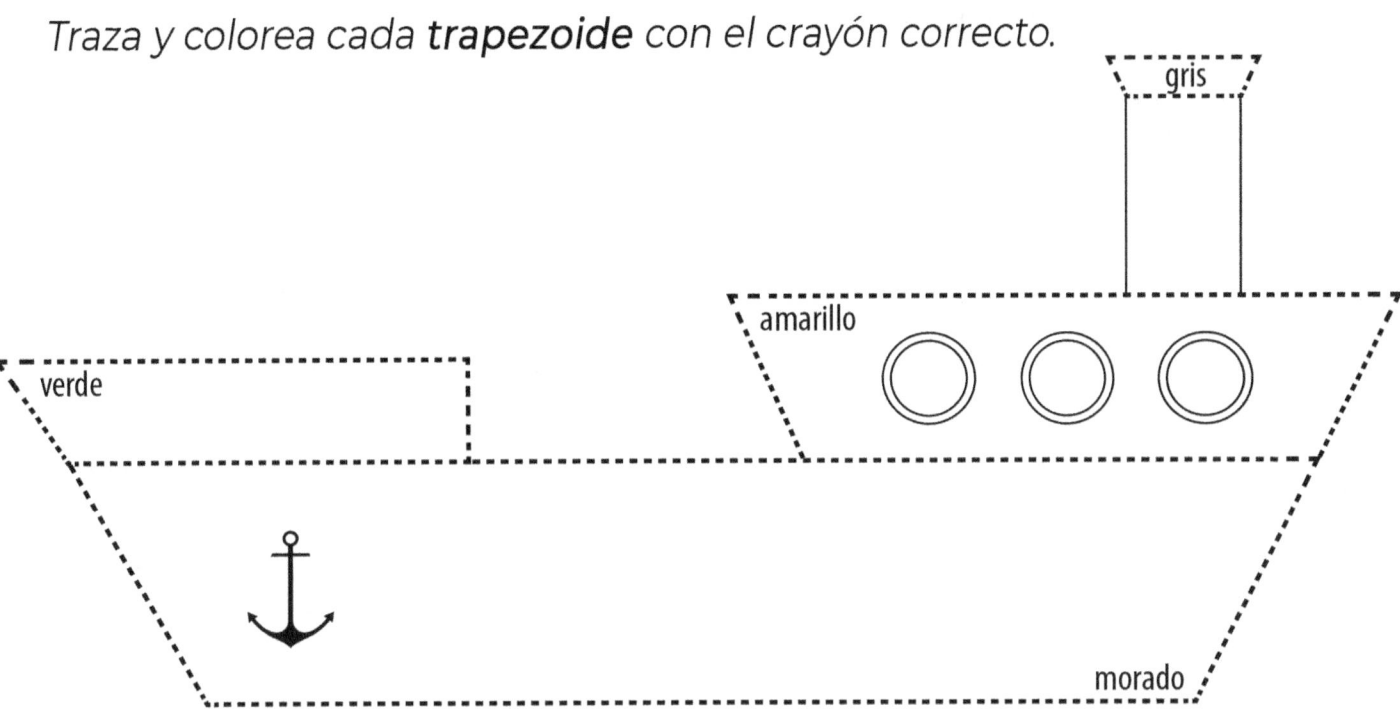

Lee la palabra. Traza la palabra. Escribe la palabra por tu cuenta.

trapezoide | Trapezoide

Nombre:_____

Trapezoide

*Practica dibujar **trapezoides**.*

*Practica escribir **tapezoide** por tu cuenta.*

Denver International SchoolHouse

Nombre:_____

Rectángulo

Traza los **rectángulos**.

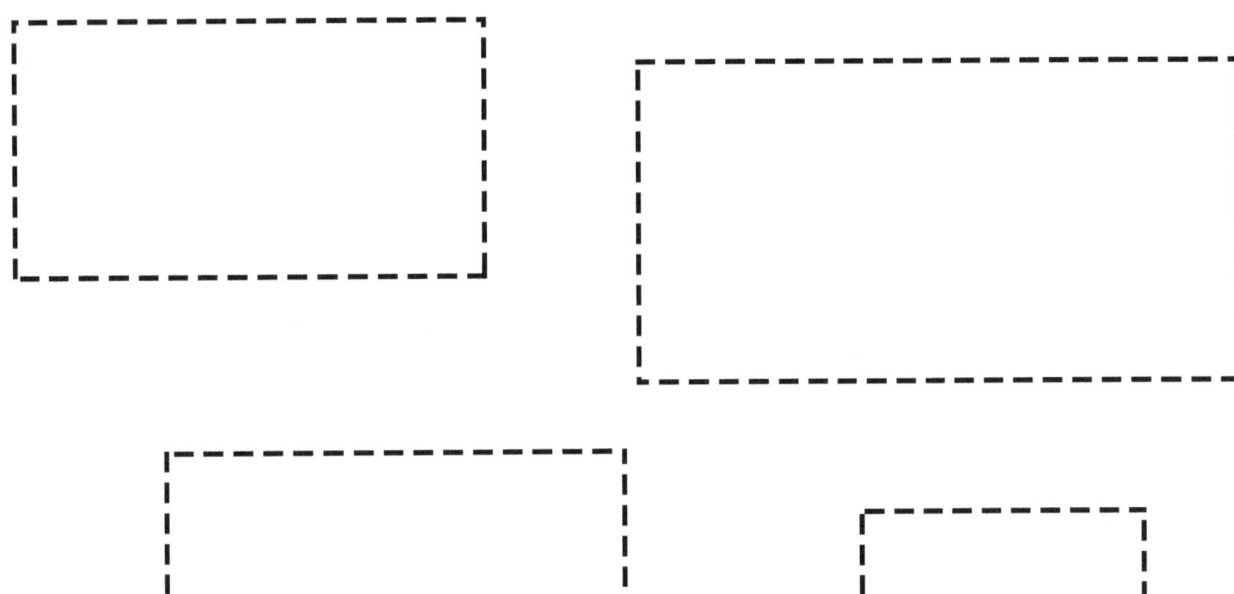

Traza la palabra.

rectángulo

Nombre:_____

Rectángulo

Traza los **rectángulos**.

Denver International SchoolHouse

Nombre:_____

Rectángulo

*Traza los **rectángulos** y luego colorea.*

Rectángulo

Nombre:_____

Colorea los **rectángulos**.

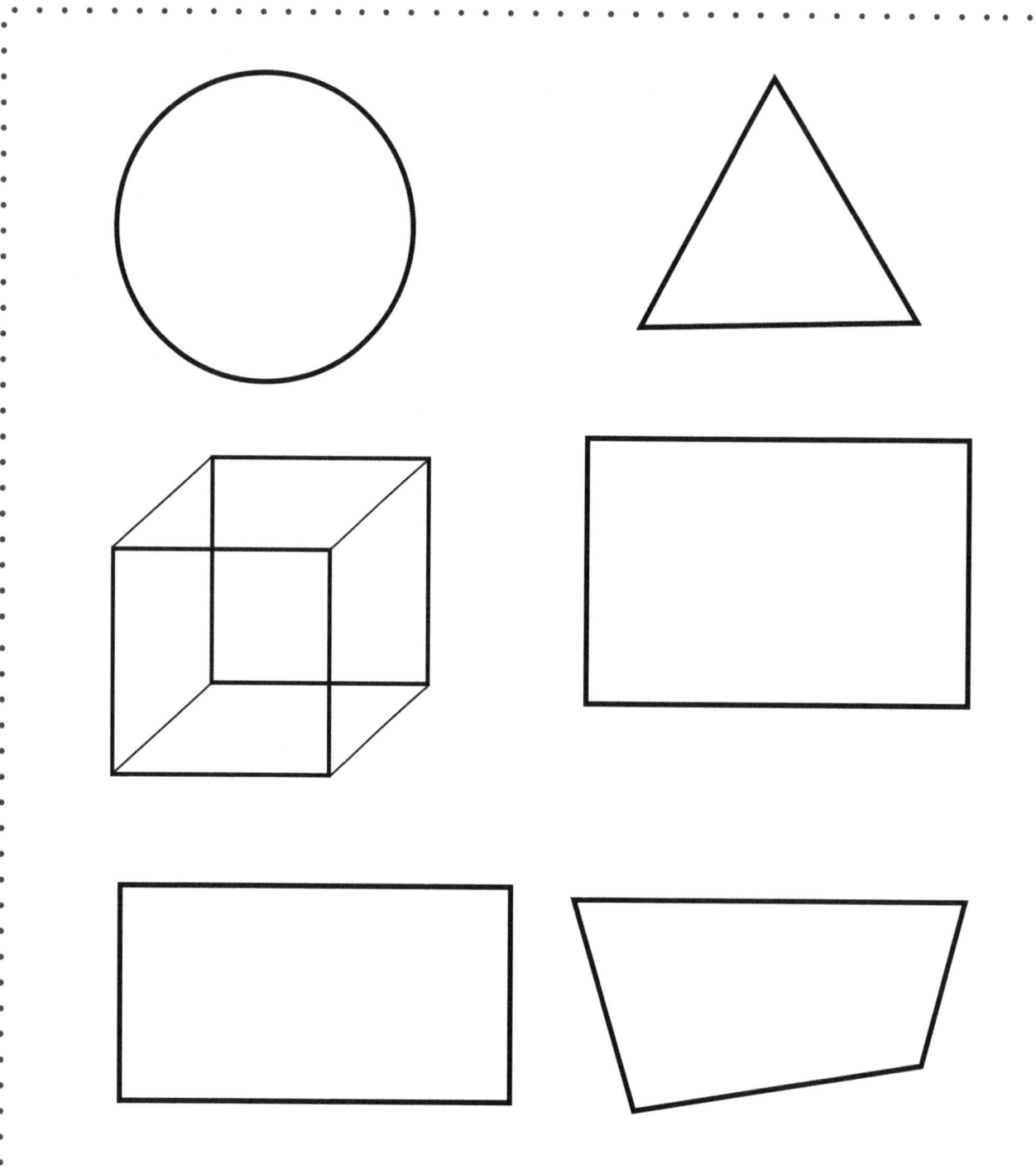

Nombre:_____

Traza, colorea y escribe

*Traza y colorea cada **rectángulo** con el crayón correcto.*

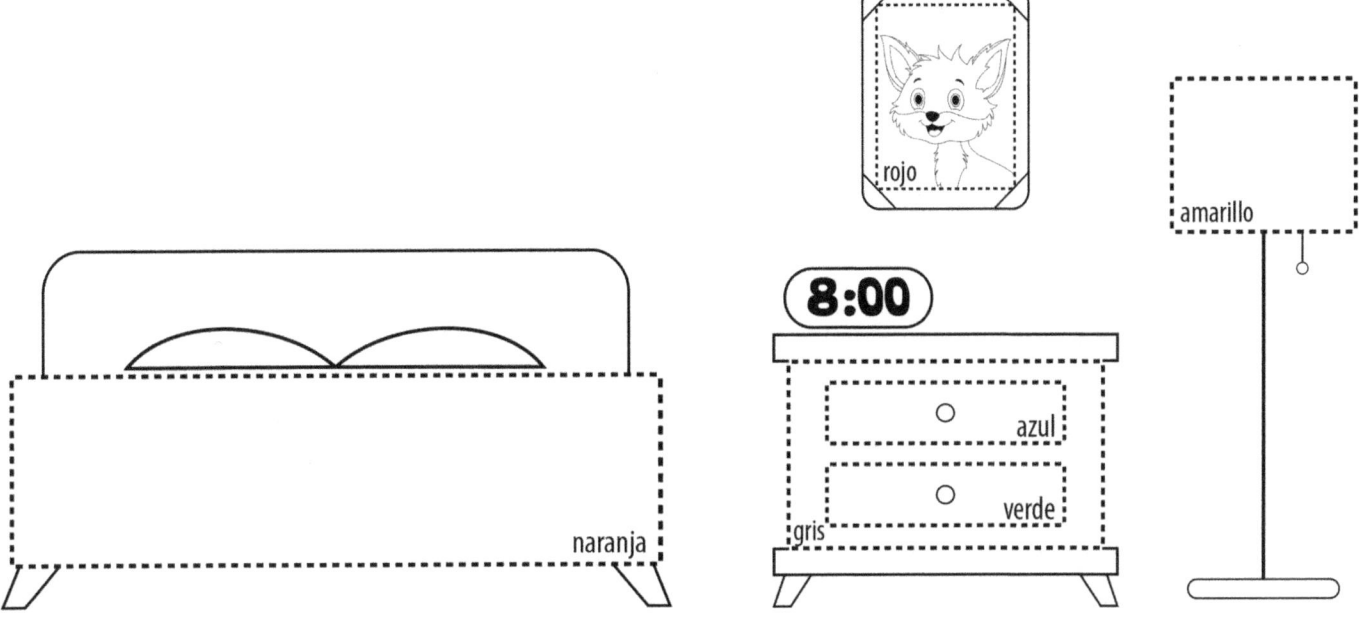

Lee la palabra. Traza la palabra. Escribe la palabra por tu cuenta.

| rectángulo | rectángulo |

_____

- -

_____

Nombre:_____

Rectángulo

*Practica dibujar **rectángulos**.*

*Practica escribir **rectángulo** por tu cuenta.*

Denver International SchoolHouse

Nombre:_____

Pentágono

*Traza los **pentágonos**.*

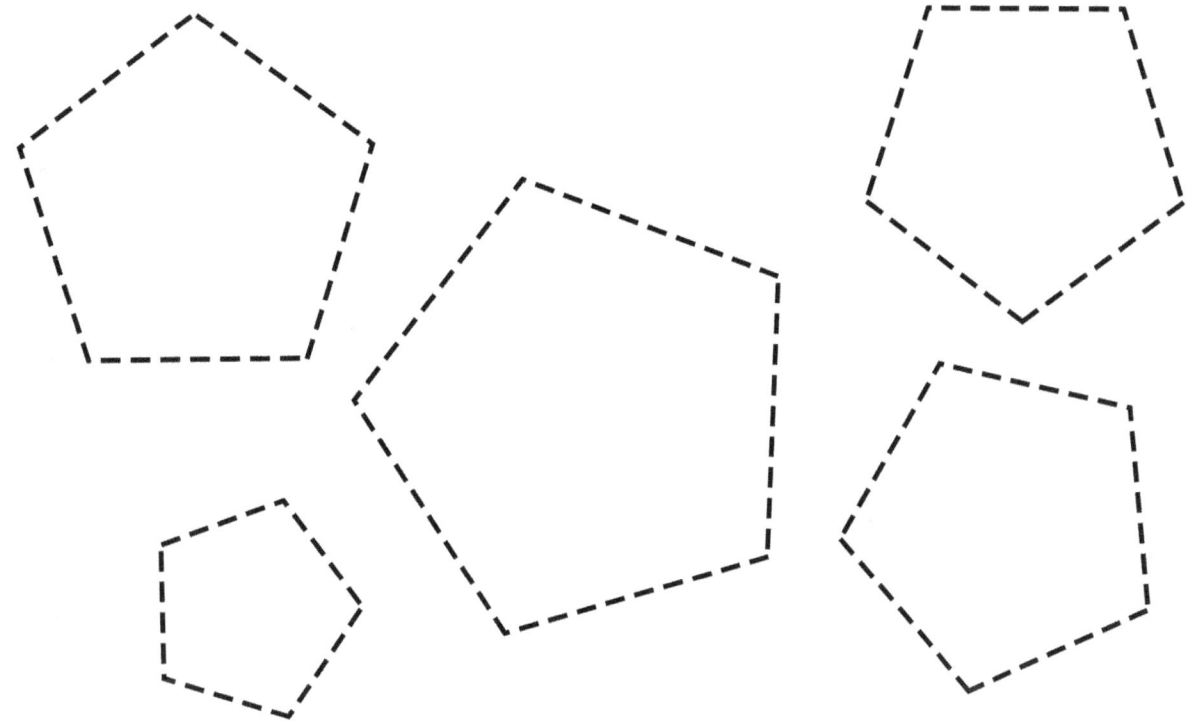

Traza la palabra.

pentágono

Nombre:_____

Pentágono

*Traza los **pentágonos**.*

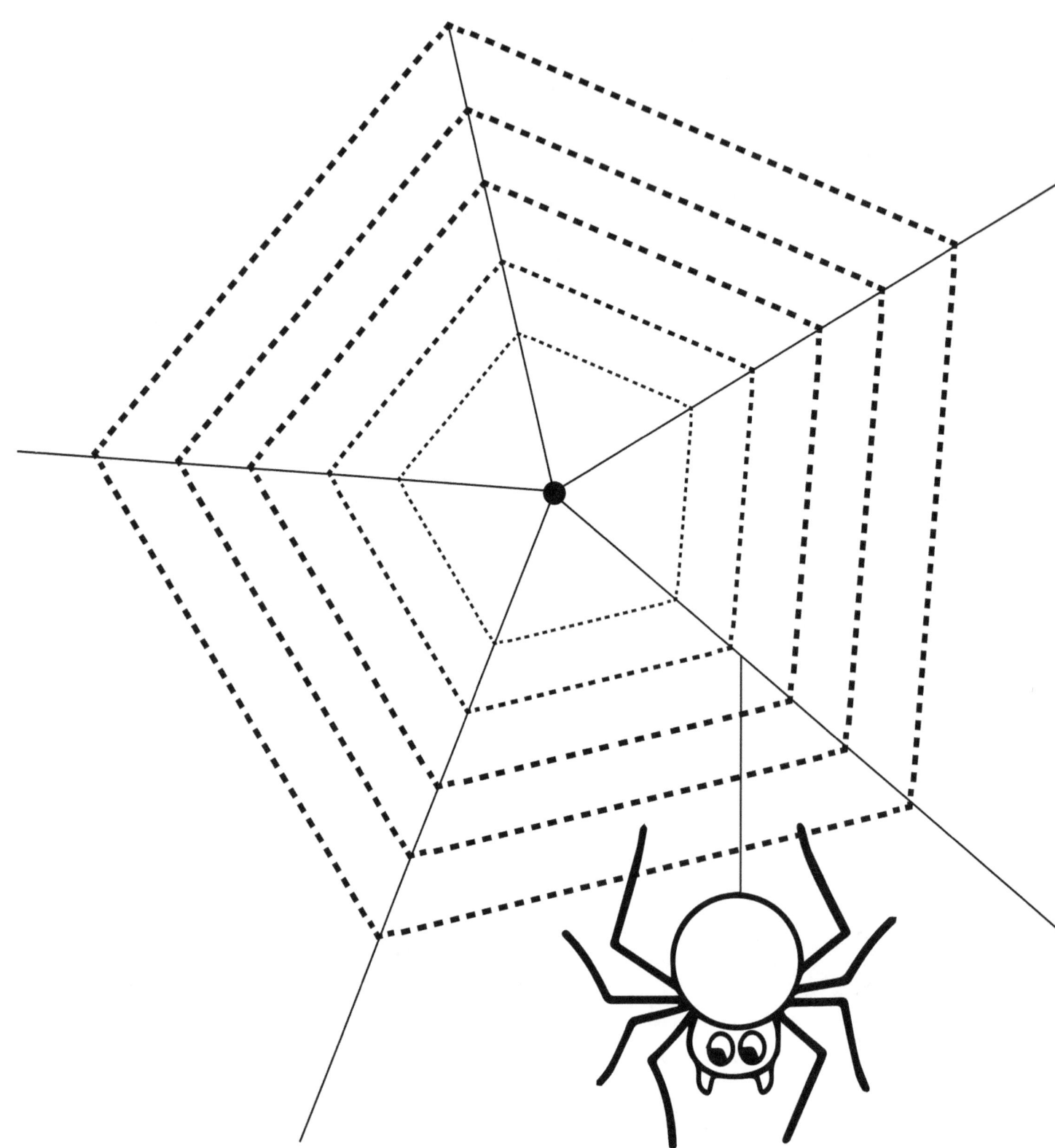

Denver International SchoolHouse

Nombre:_____

Pentágono

Traza los **pentágonos** y luego colorea.

Nombre:_____

Pentágono

*Colorea los **pentágonos**.*

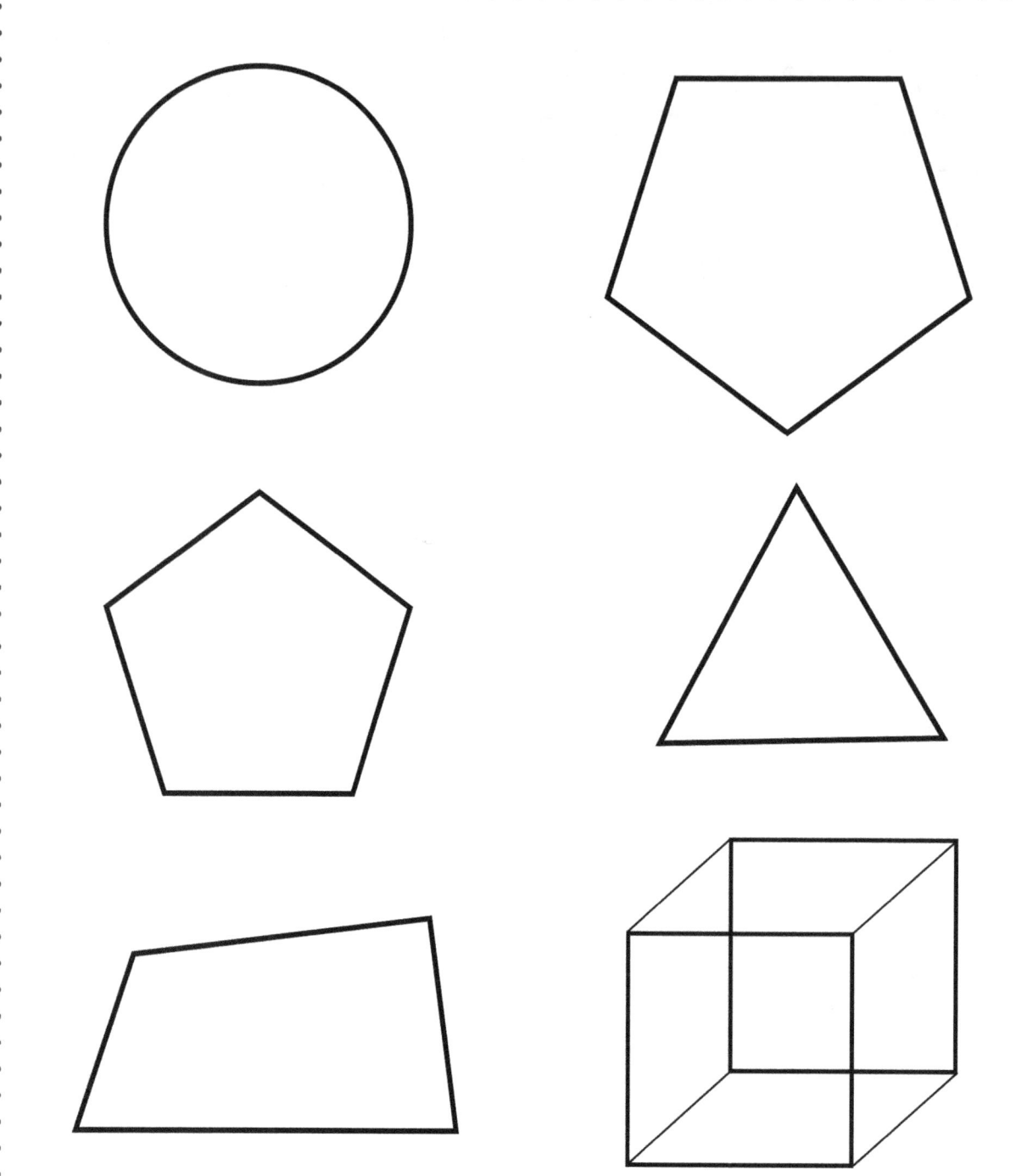

Denver International SchoolHouse

Nombre:_____

Traza, colorea y escribe

Traza y colorea cada **pentágono** con el crayón correcto.

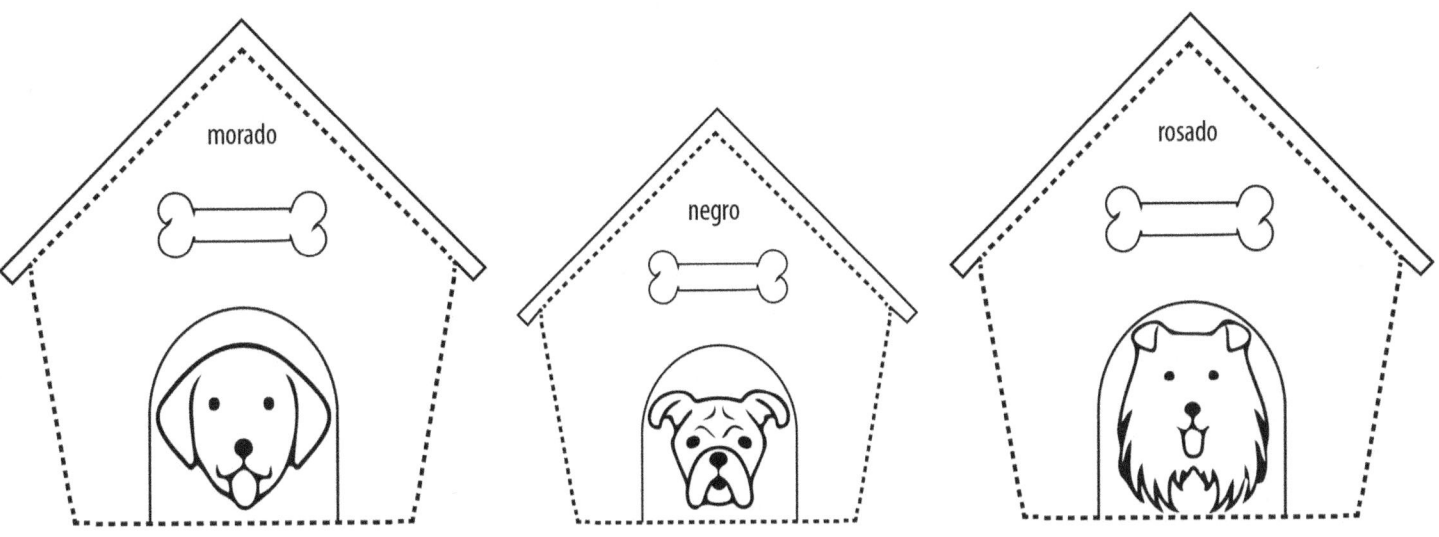

Lee la palabra. Traza la palabra. Escribe la palabra por tu cuenta.

pentágono   pentágono

Nombre:_____

Pentágono

Practica dibujar **pentágonos**.

Practica escribir **pentágono** por tu cuenta.

Denver International SchoolHouse

Nombre:_____

Estrella

*Traza las **estrellas**.*

Traza la palabra.

estrella

Nombre:_____

Estrella

Traza las **estrellas**.

Estrella

Nombre:_____

Traza las **estrellas** y luego colorea.

Nombre:_____

Estrella

*Colorea las **estrellas**.*

Nombre:_____

Traza, colorea y escribe

Traza y colorea cada **estrella** con el crayón correcto.

Lee la palabra. Traza la palabra. Escribe la palabra por tu cuenta.

| estrella | estrella |

Nombre:_____

Estrella

*Practica dibujar **estrellas**.*

*Practica escribir **estrella** por tu cuenta.*

Nombre:_____

Hexágono

*Traza los **hexágonos**.*

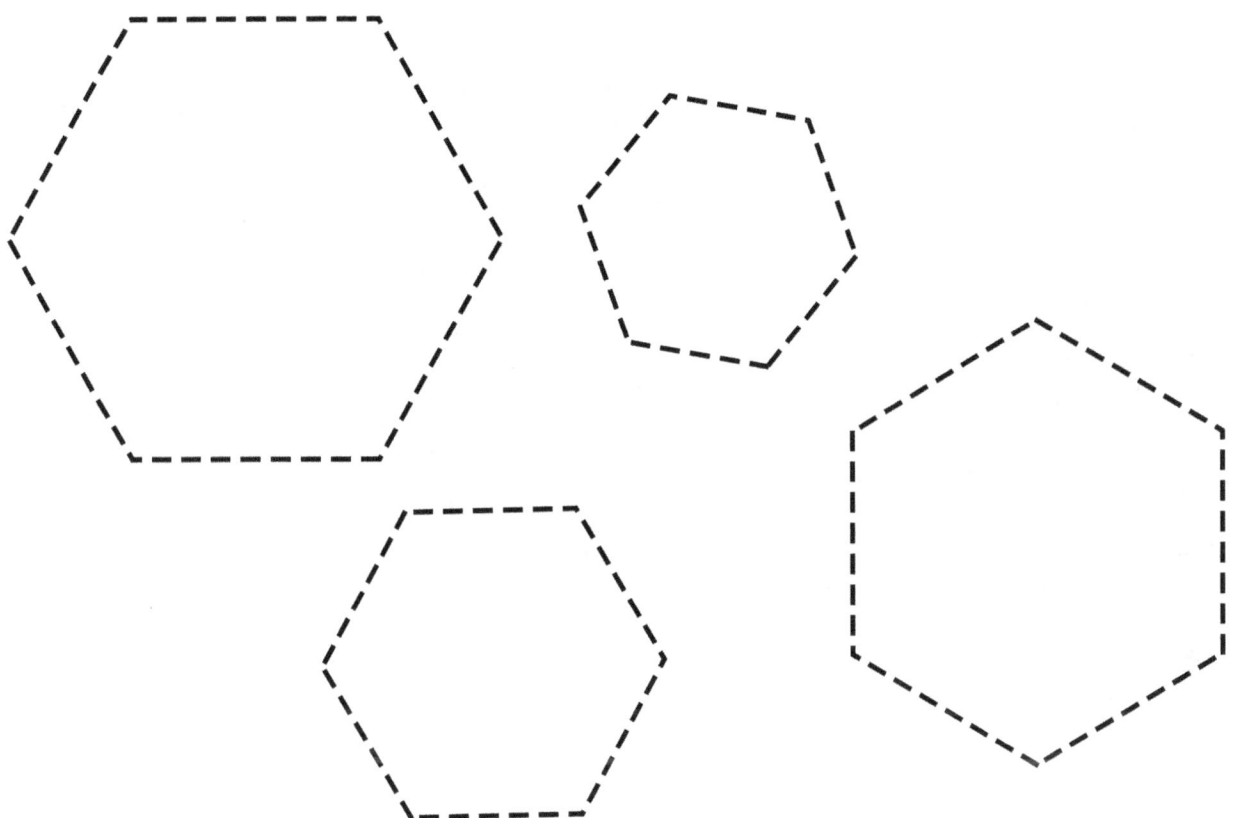

Traza la palabra.

hexágono

Nombre:_____

Hexágono

Traza los **hexágonos**.

Denver International SchoolHouse

Nombre:_____

Hexágono

*Traza los **hexágonos** y luego colorea.*

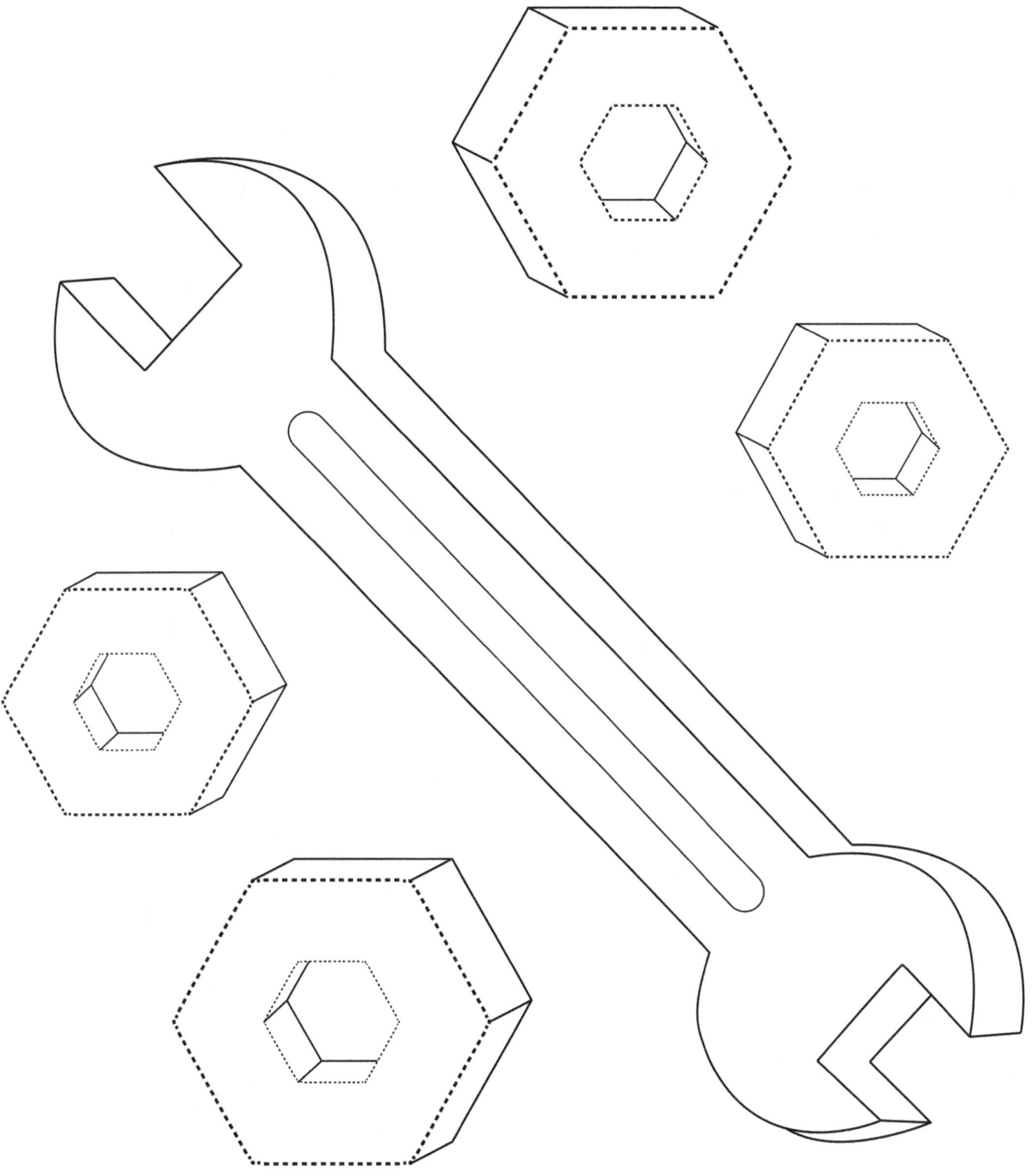

Nombre:_____

Hexágonos

Colorea los **hexágonos**.

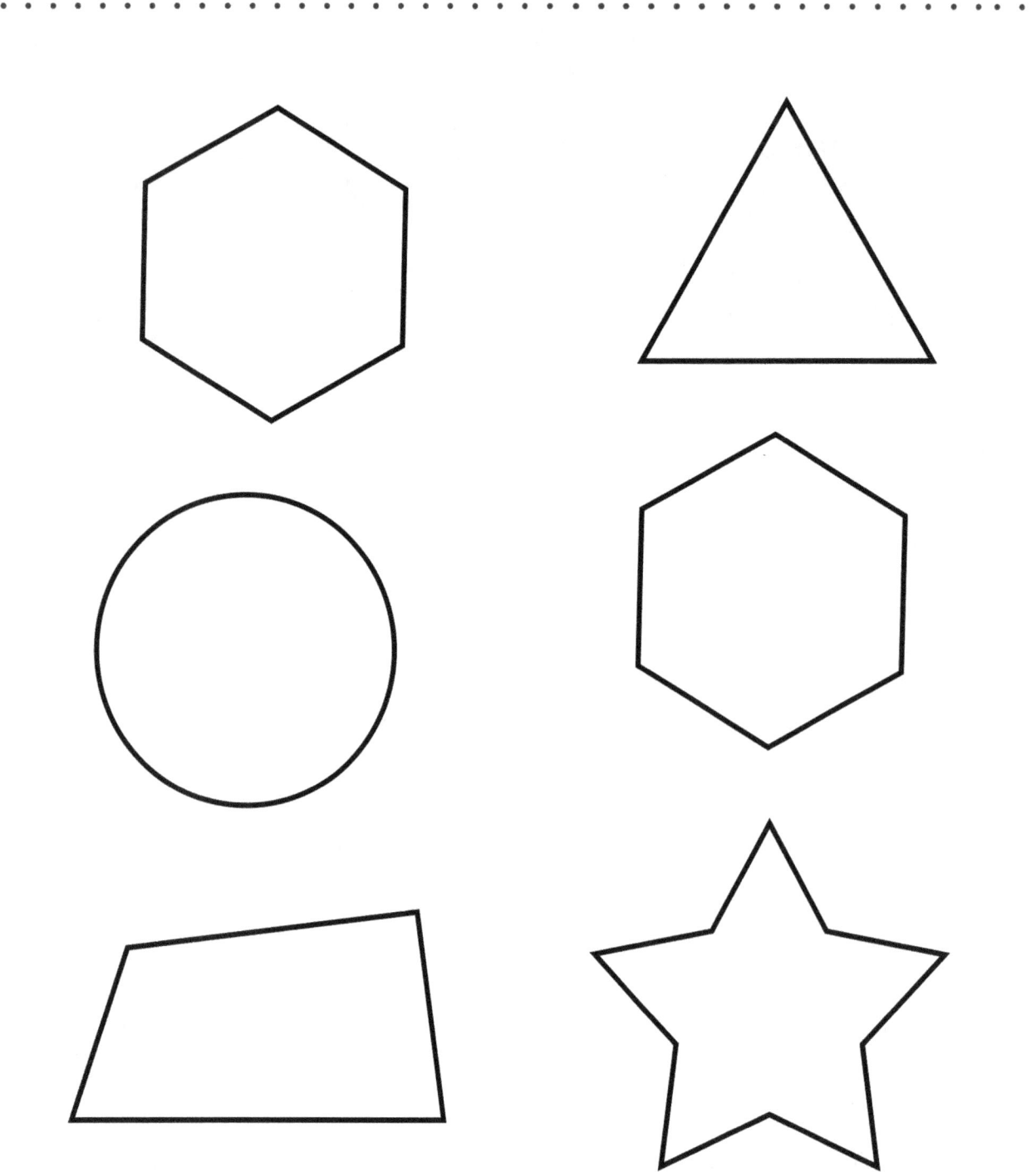

Nombre:_____

Traza, colorea y escribe

Traza y colorea cada **hexágono** con el crayón correcto.

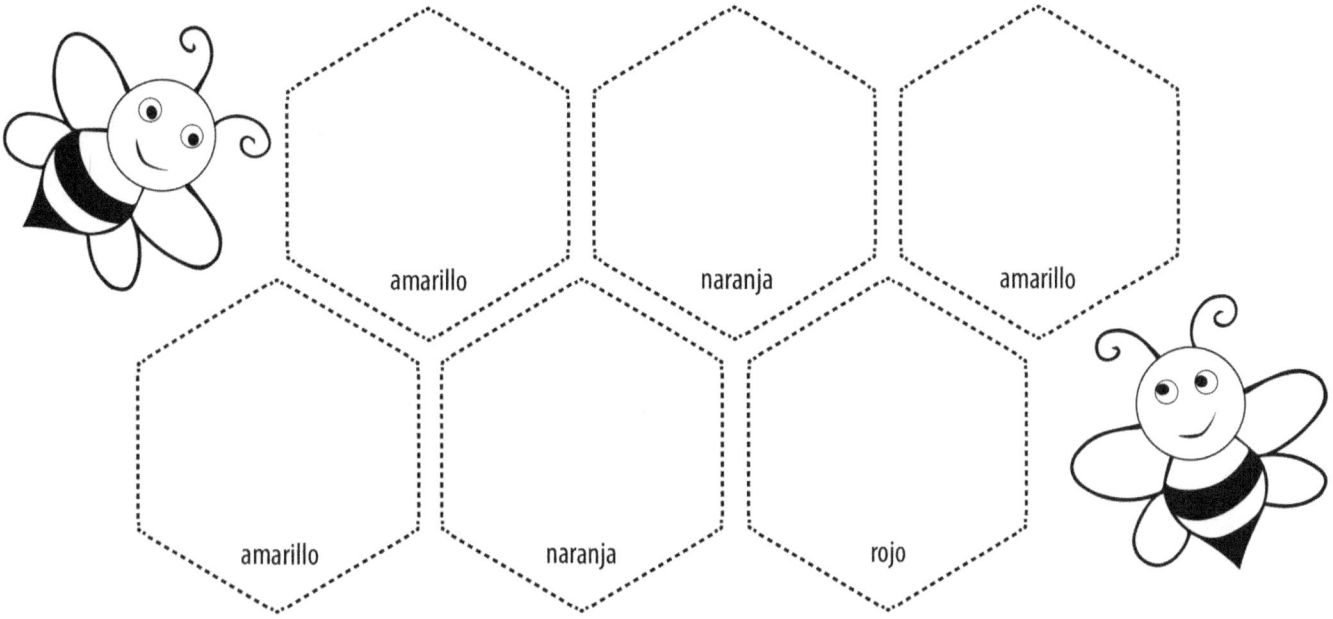

Lee la palabra. Traza la palabra. Escribe la palabra por tu cuenta.

hexágono

hexágono

Nombre:_____

Hexágono

*Practica dibujar **hexágonos**.*

*Practica escribir **hexágon** por tu cuenta.*

Denver International SchoolHouse

Nombre:_____

Rombo

Traza los **rombos**.

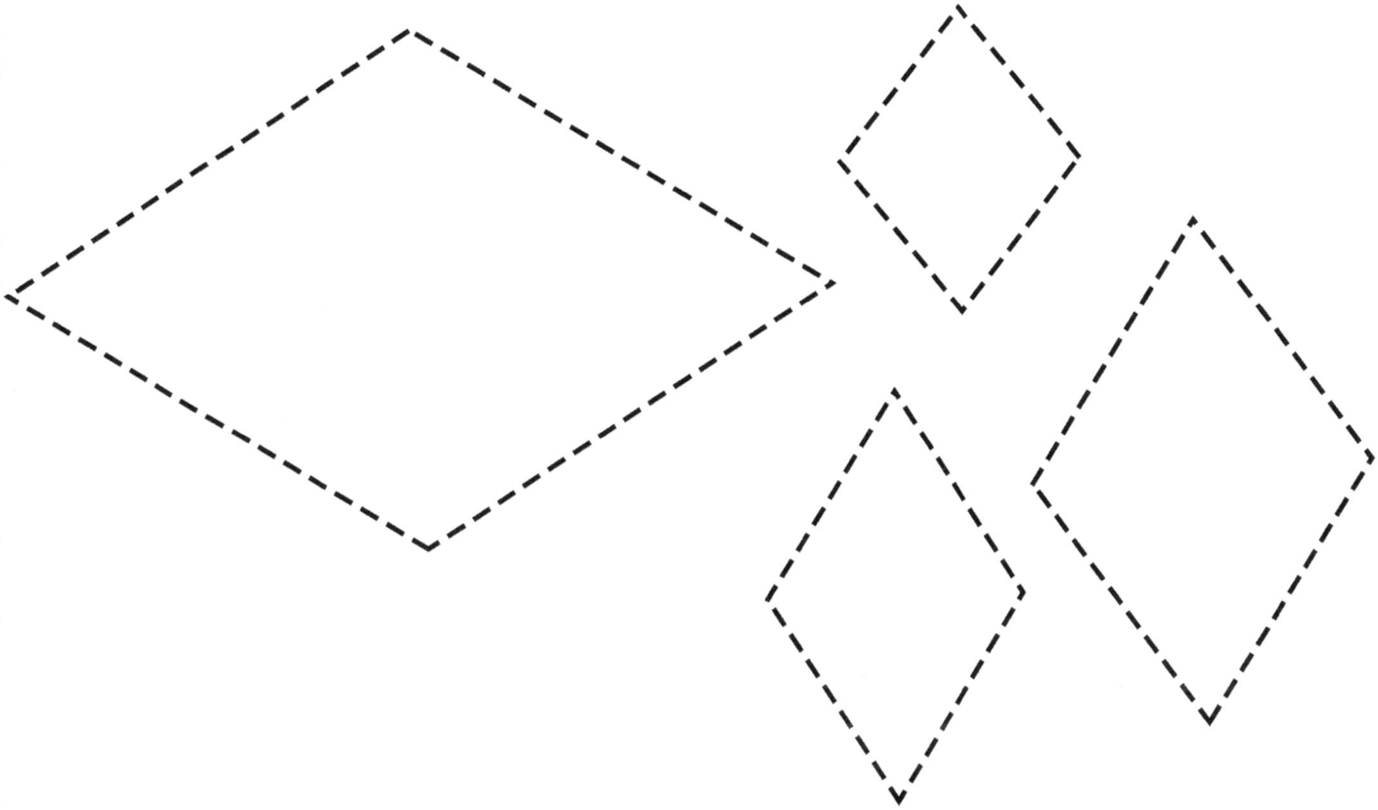

Traza la palabra.

Nombre:_____

Rombo

Traza los **rombos**.

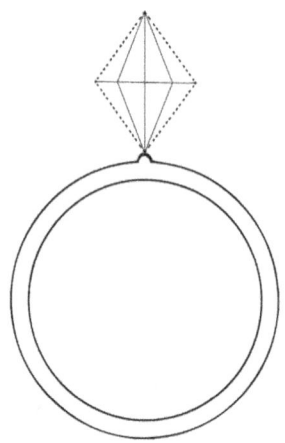
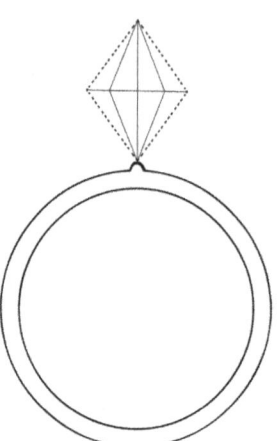
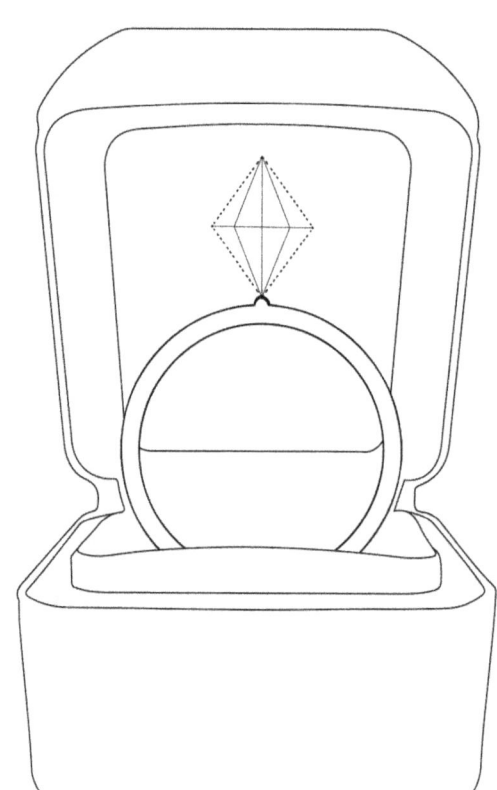
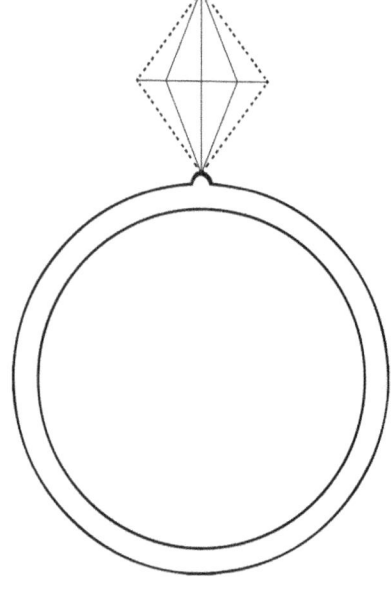
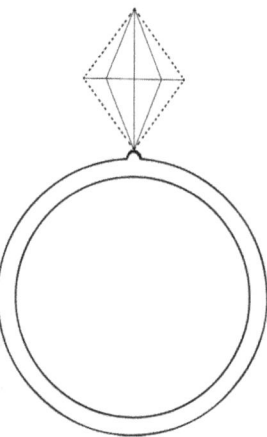

Nombre:_____

Rombo

Traza los **rombos** y luego colorea.

Nombre:_____

Rombo

Colorea los **rombos**.

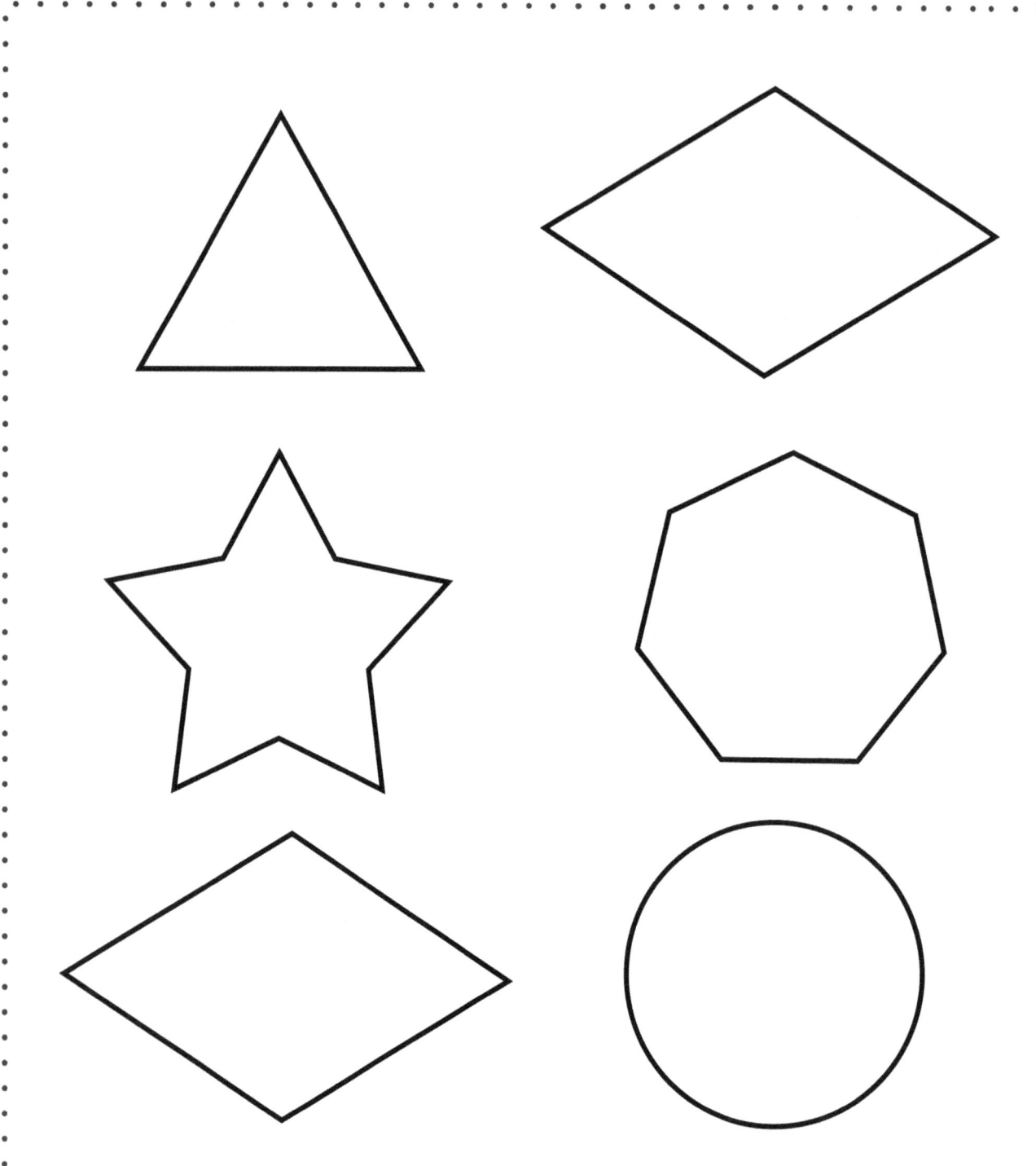

Nombre:_____

Traza, colorea y escribe

Traza y colorea cada **rombo** con el crayón correcto.

Lee la palabra. Traza la palabra. Escribe la palabra por tu cuenta.

| rombo | rombo |

Nombre:_____

Rombo

*Practica dibujar **rombo**.*

*Practica escribir **rombo** por tu cuenta.*

Denver International SchoolHouse

Nombre:_____

Heptágono

Traza los heptágonos.

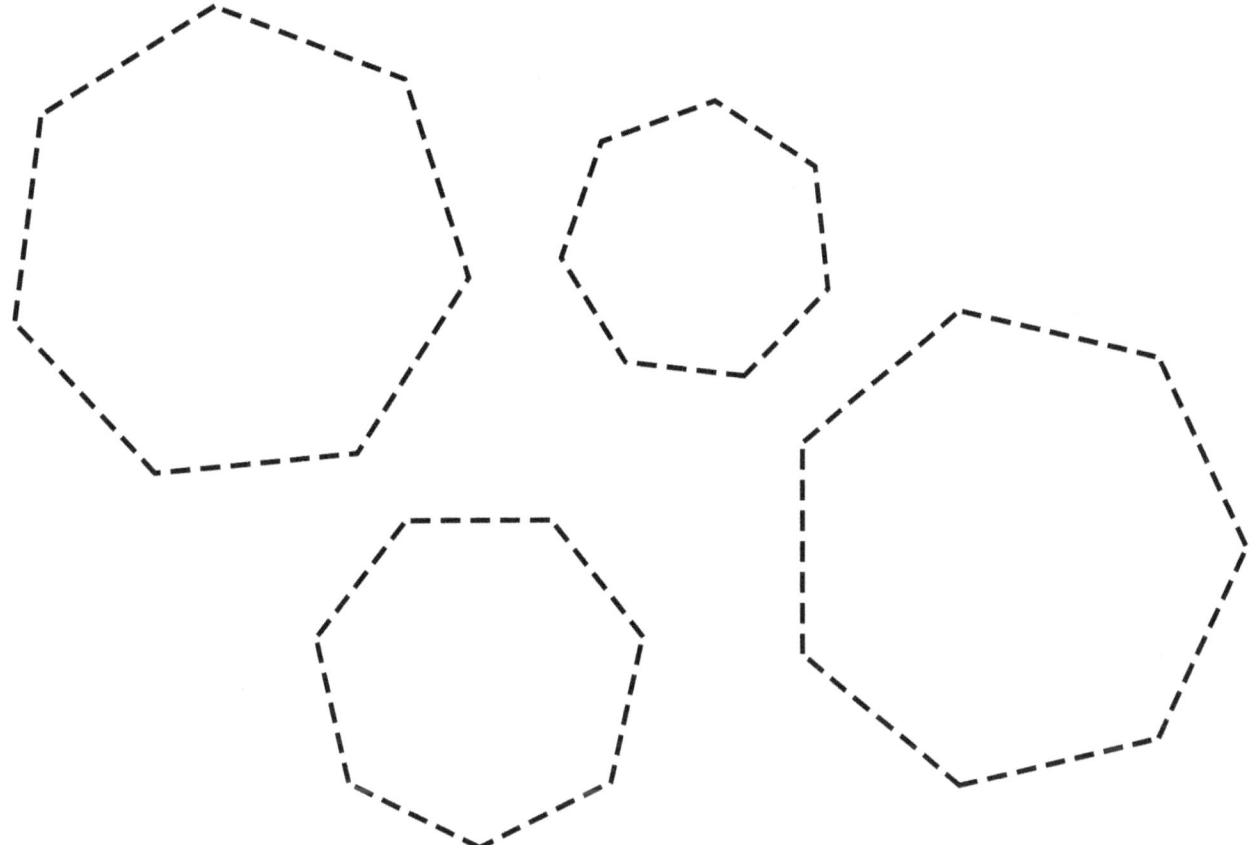

Traza la palabra.

heptágono

Nombre:_____

Heptágono

*Traza los **heptágonos**.*

Nombre:_____

Heptágono

*Traza los **heptágonos** y luego colorea.*

Nombre:_____

Heptágonos

Colorea los **heptágonos**.

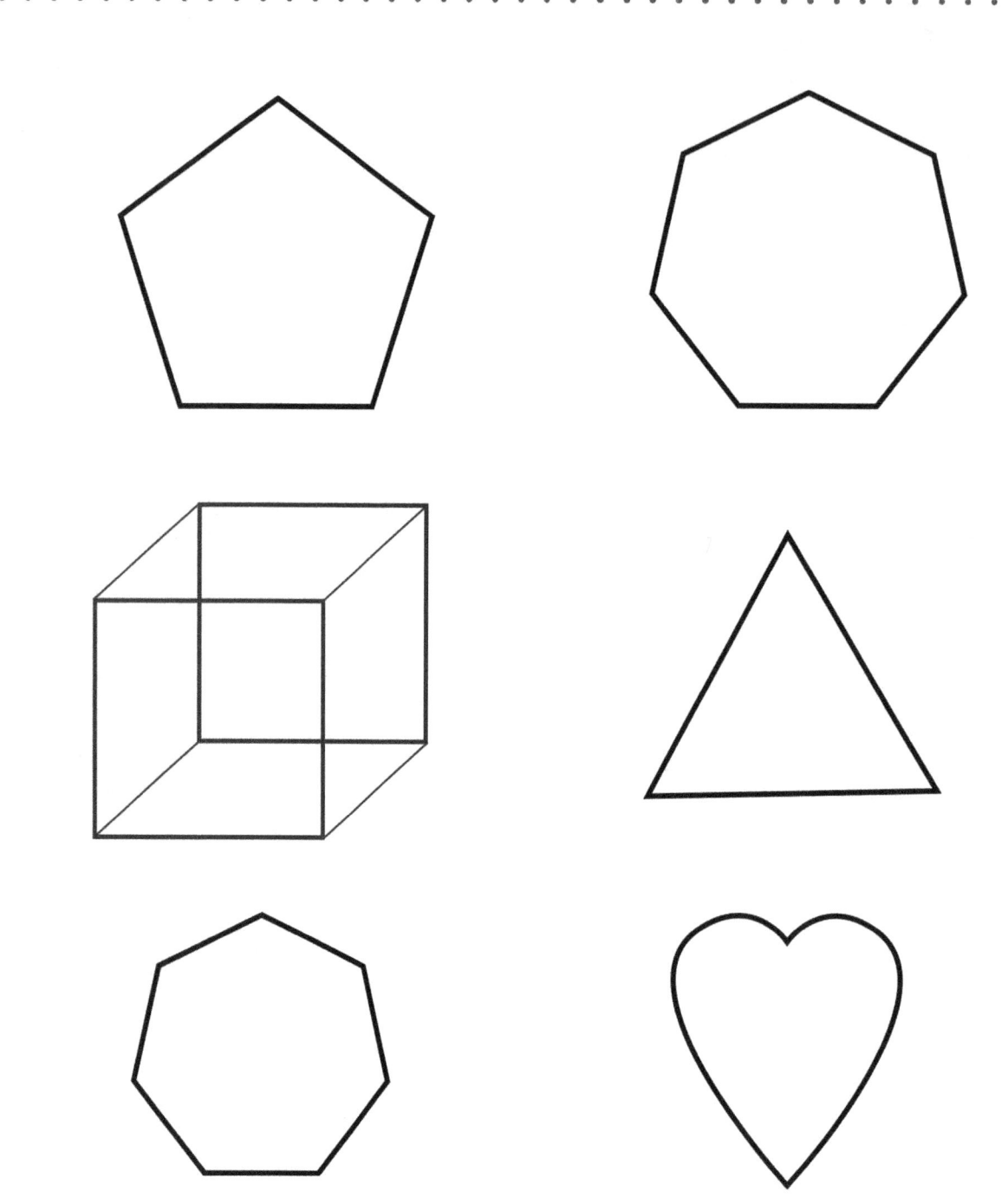

Nombre:_____

Traza, colorea y escribe

Traza y colorea cada **heptágono** con el crayón correcto.

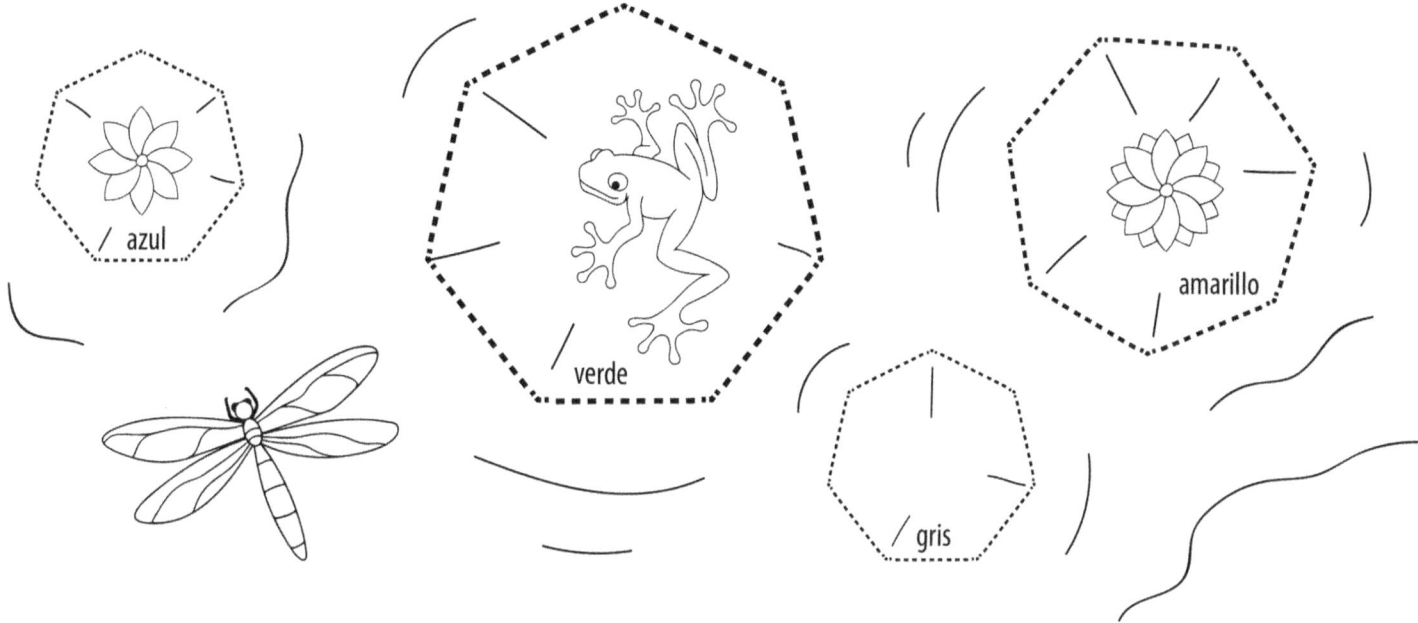

Lee la palabra. Traza la palabra. Escribe la palabra por tu cuenta.

| heptágono | heptágono |

Nombre:_____

Heptágono

*Practica dibujar **heptágonos**.*

*Practica escribir **heptágono** por tu cuenta.*

Corazón

*Traza los **corazones**.*

Traza la palabra.

corazón

Corazón

Traza los **corazones**.

Corazón

*Traza los **corazones** y luego colorea.*

Corazón

*Colorea los **corazones***

Denver International SchoolHouse

Traza, colorea y escribe

*Traza y colorea cada **corazón** con el crayón correcto.*

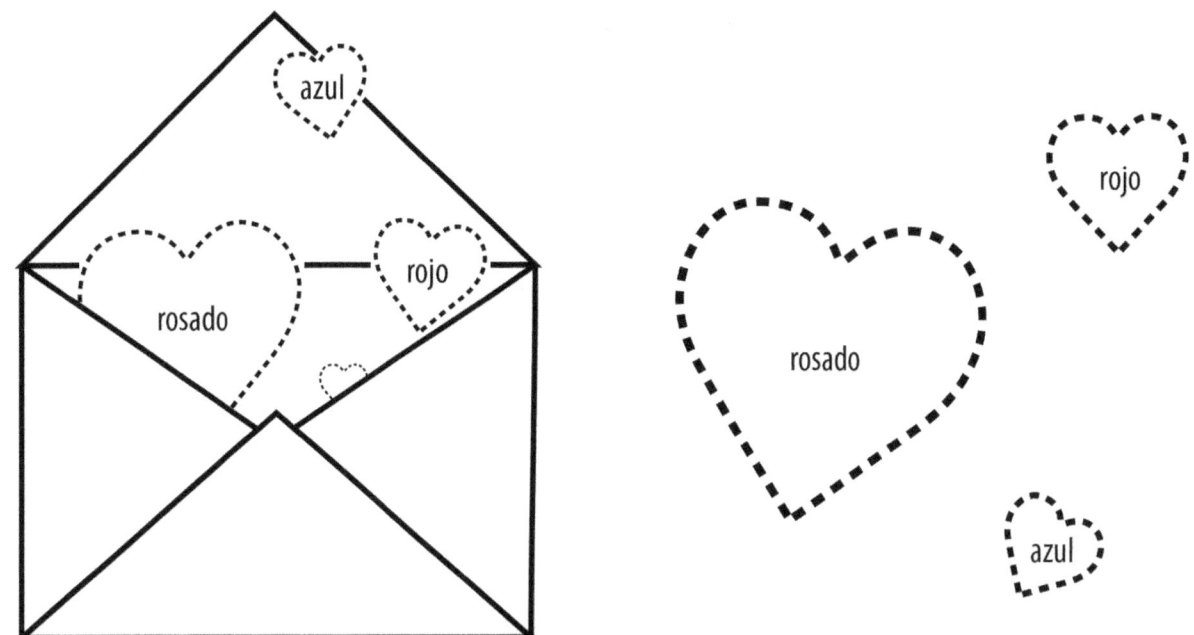

Lee la palabra. Traza la palabra. Escribe la palabra por tu cuenta.

| corazón | corazón |

_____

Corazón

*Practica dibujar **corazones***

*Practica escribir **corazón** por tu cuenta.*

Nombre:_____

Octágono

Traza los **octágonos**.

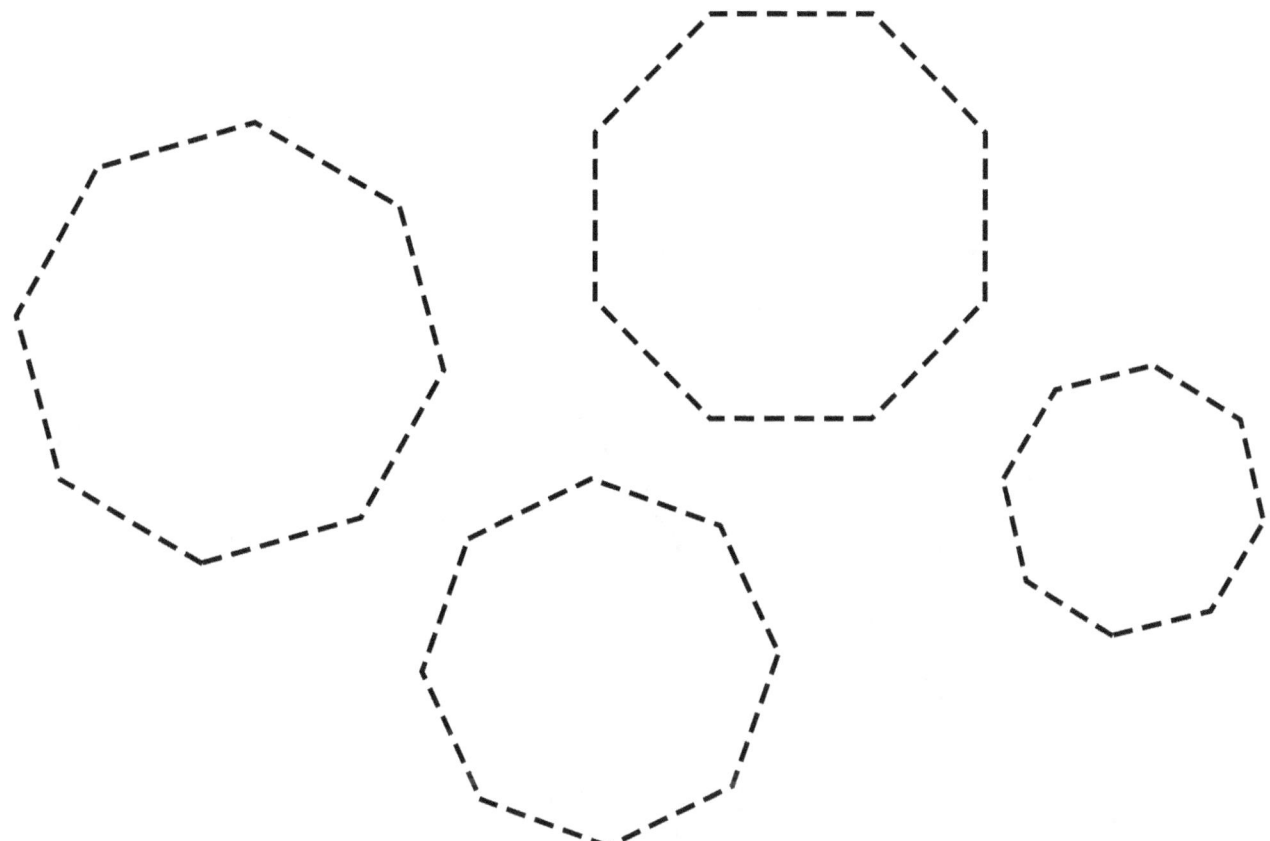

Traza la palabra.

octágono

Octágono

Nombre:_____

Traza los **octágonos**.

Nombre:_____

Octágono

*Traza los **octágonos** y luego colorea.*

Octágono

Colorea los **octágonos**.

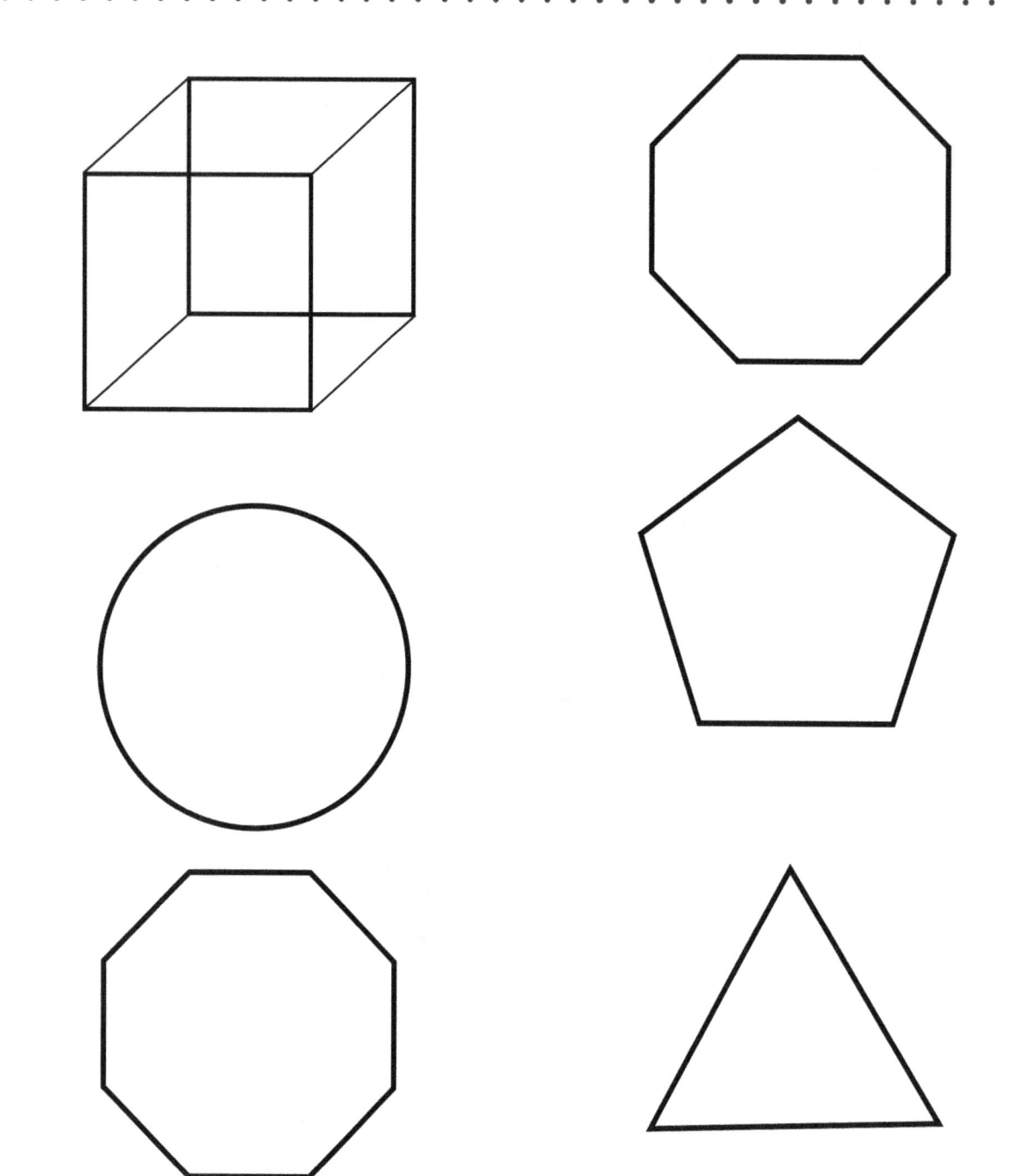

Nombre:_____

Traza, colorea y escribe

Traza y colorea cada **octágono** con el crayón correcto.

Lee la palabra. Traza la palabra. Escribe la palabra por tu cuenta.

octágono	octágono

Nombre:_____

Octágono

*Practica dibujar **octágonos**.*

*Practica escribir **octágono** por tu cuenta.*

Nombre:_____

Pirámide

*Traza las **pirámides**.*

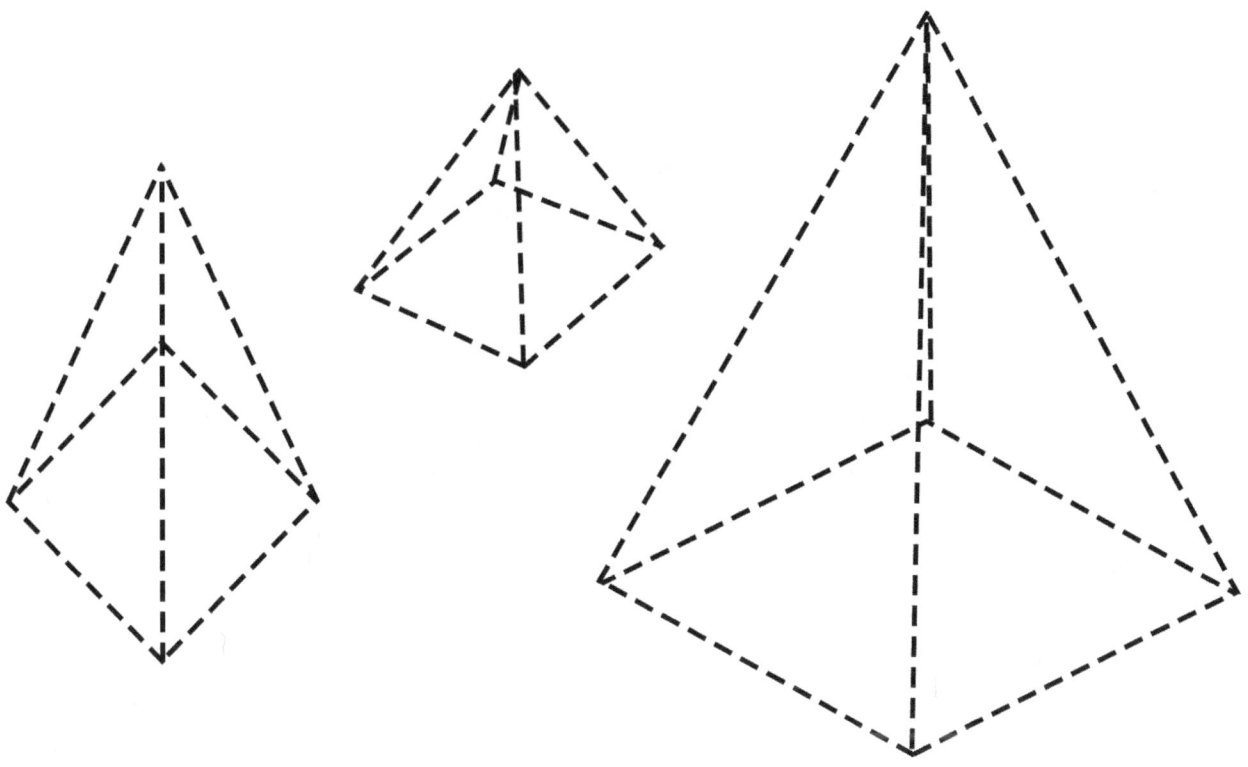

Traza la palabra.

pirámide

Nombre:_____

Pirámide

Traza las **prirámides**.

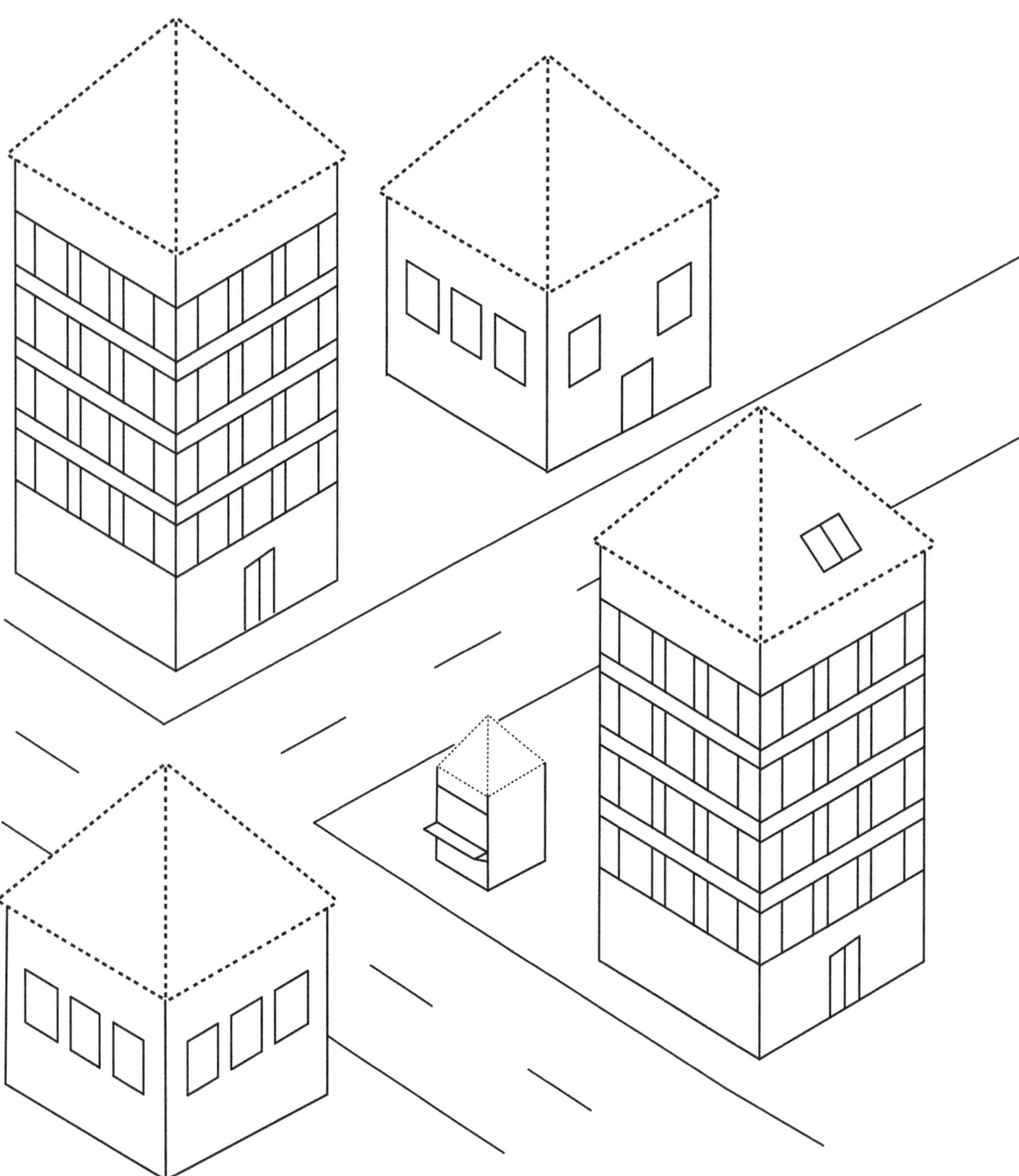

Denver International SchoolHouse

Nombre:_____

Pirámide

Traza las **pirámides** y luego colorea.

Nombre:_____

Pirámide

Colorea las **pirámides**.

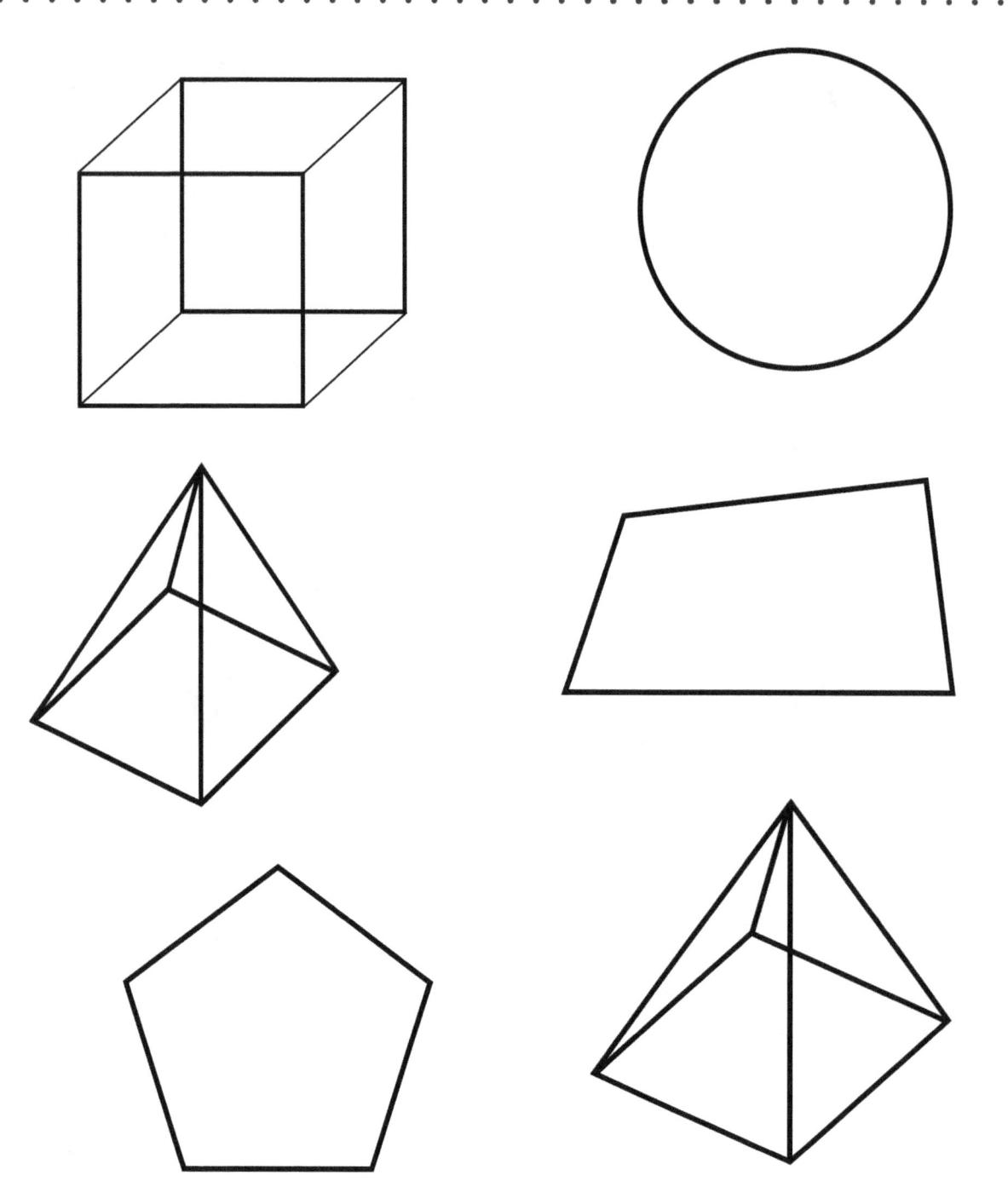

Nombre:_____

Traza, colorea y escribe

Traza y colorea cada **pirámide** con el crayón correcto.

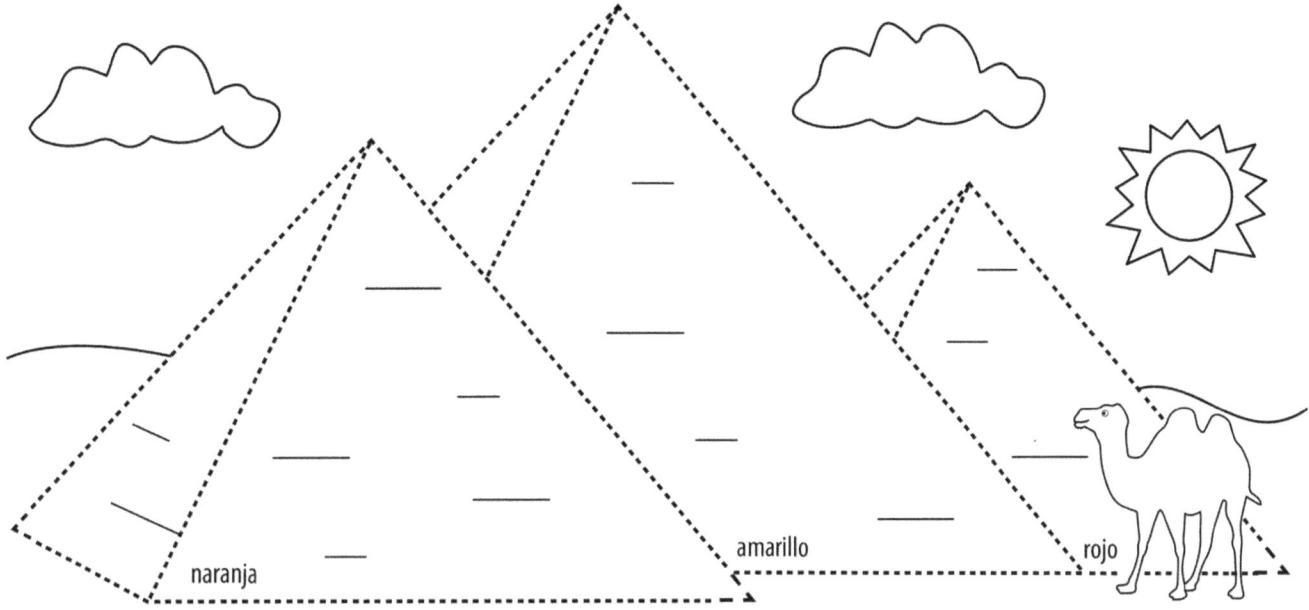

Lee la palabra. Traza la palabra. Escribe la palabra por tu cuenta.

| pirámide | pirámide |

_____
- - - - - - - - - - - - - - - - - - -
_____

Nombre:_____

Pirámide

*Practica dibujar **pirámides**.*

*Practica escribir **pirámide** por tu cuenta.*

Nombre:_____

Cono

*Traza los **conos**.*

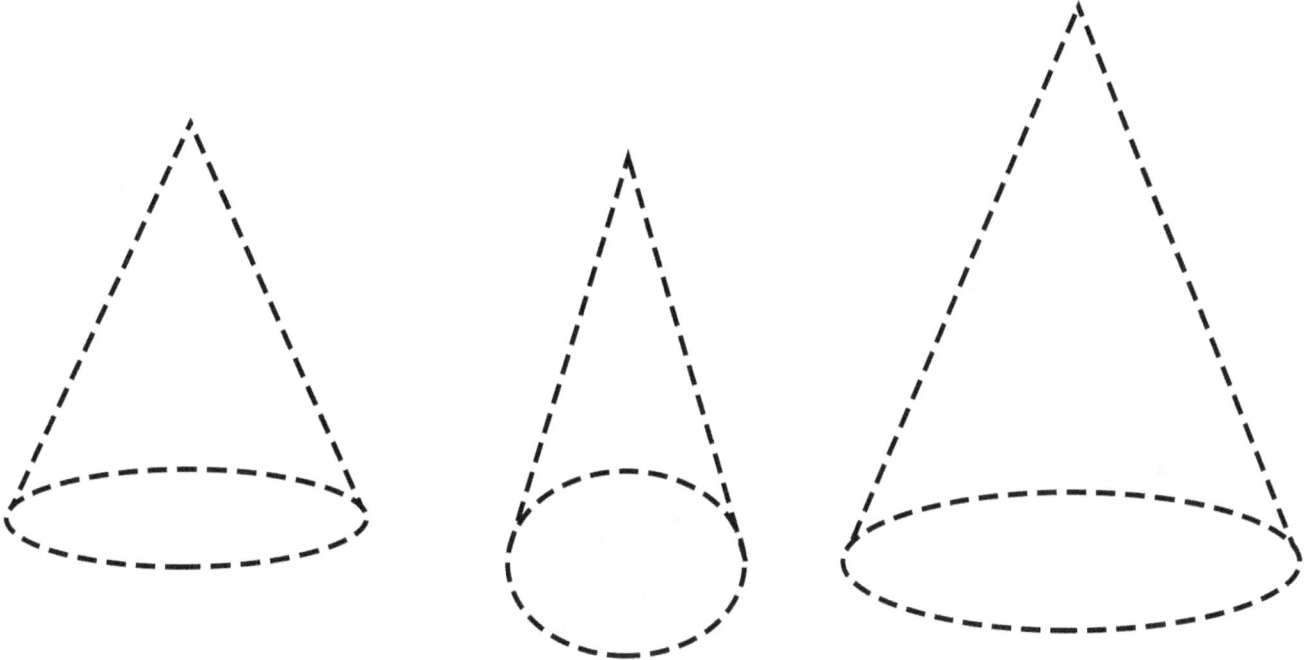

Traza la palabra.

Nombre:_____

Cono

Traza los **conos**.

Nombre:_____

Cono

Traza los **conos** y luego colorea.

Nombre:_____

Cono

*Colorea los **conos**.*

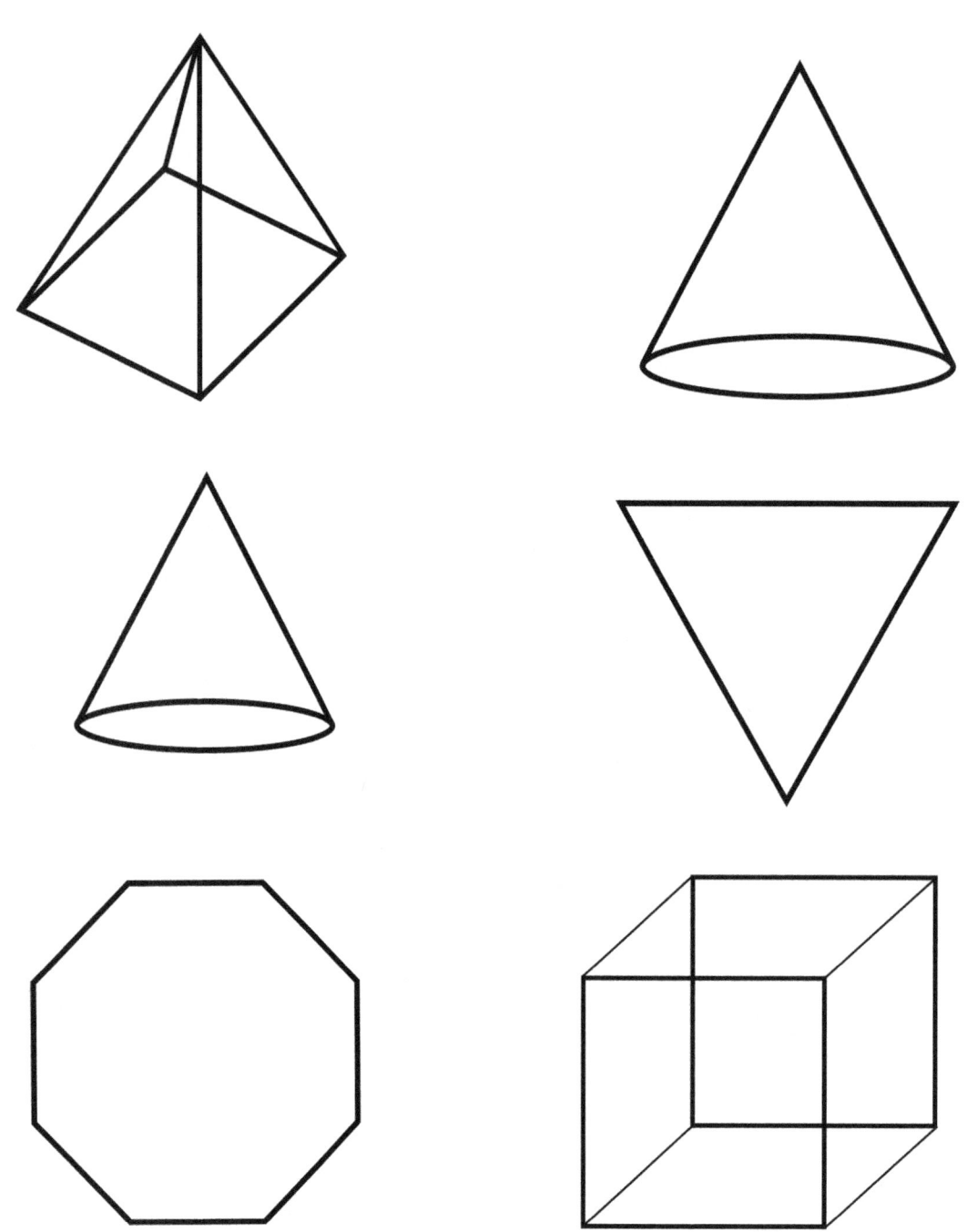

Nombre:_____

Traza, colorea y escribe

*Traza y colorea cada **cono** con el crayón correcto.*

Lee la palabra. Traza la palabra. Escribe la palabra por tu cuenta.

cono | cono

Nombre:_____

Cono

Practica dibujar **conos**.

Practica escribir **cono** por tu cuenta.

Denver International SchoolHouse

Nombre:_____

Óvalo

Traza los **óvalos**.

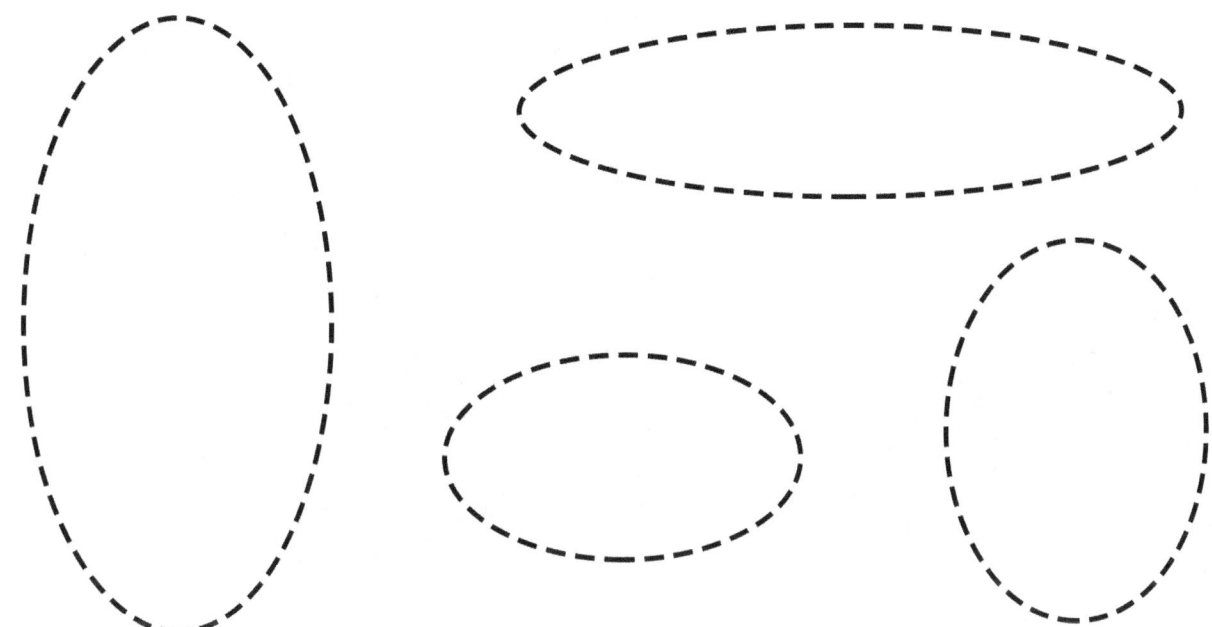

Traza la palabra.

Nombre:_____

Óvalo

Traza los *óvalos*.

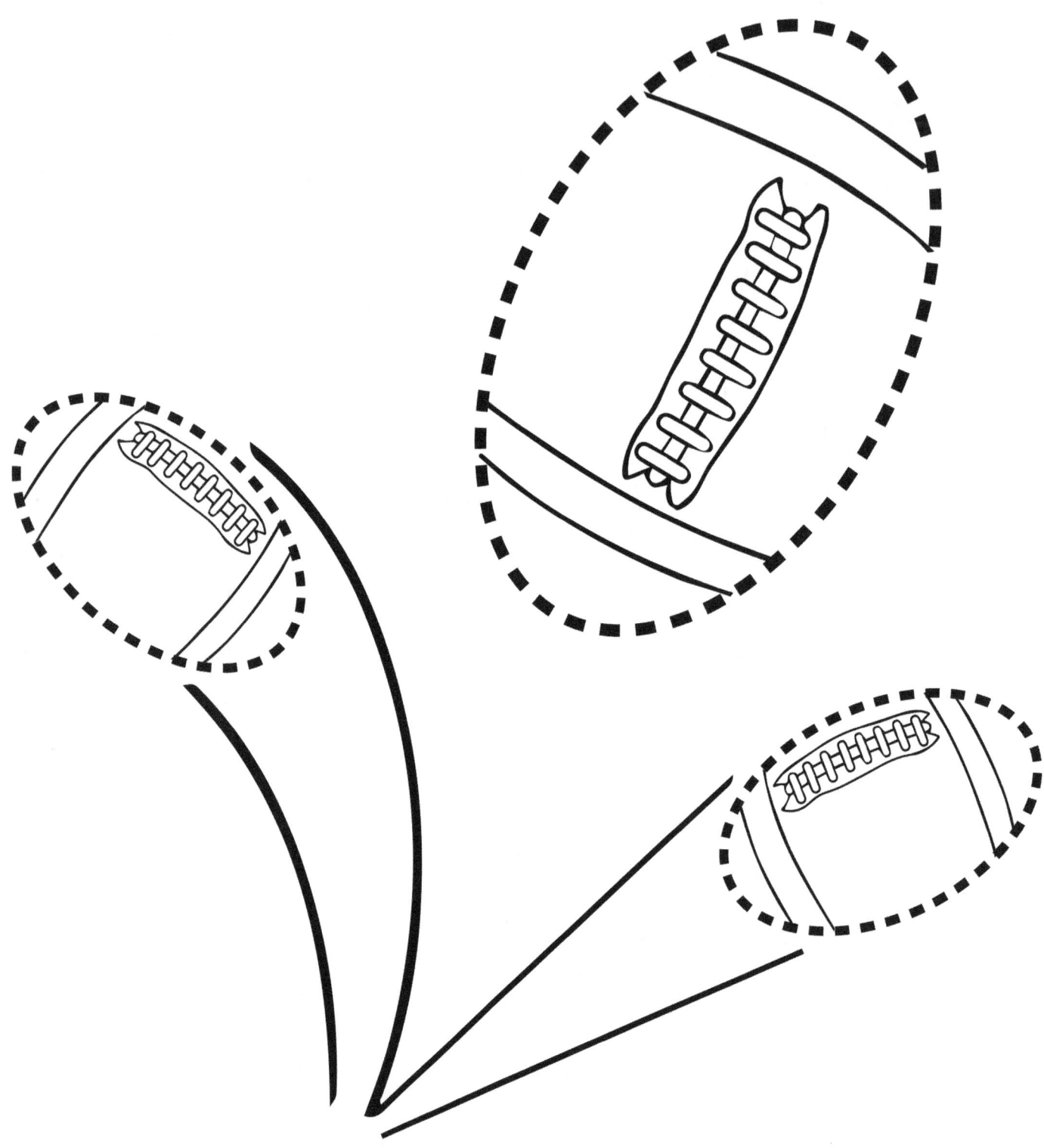

Nombre:_____

Óvalo

Traza los *óvalos* y luego colorea.

Nombre:_____

Óvalo

Colorea los *óvalos*.

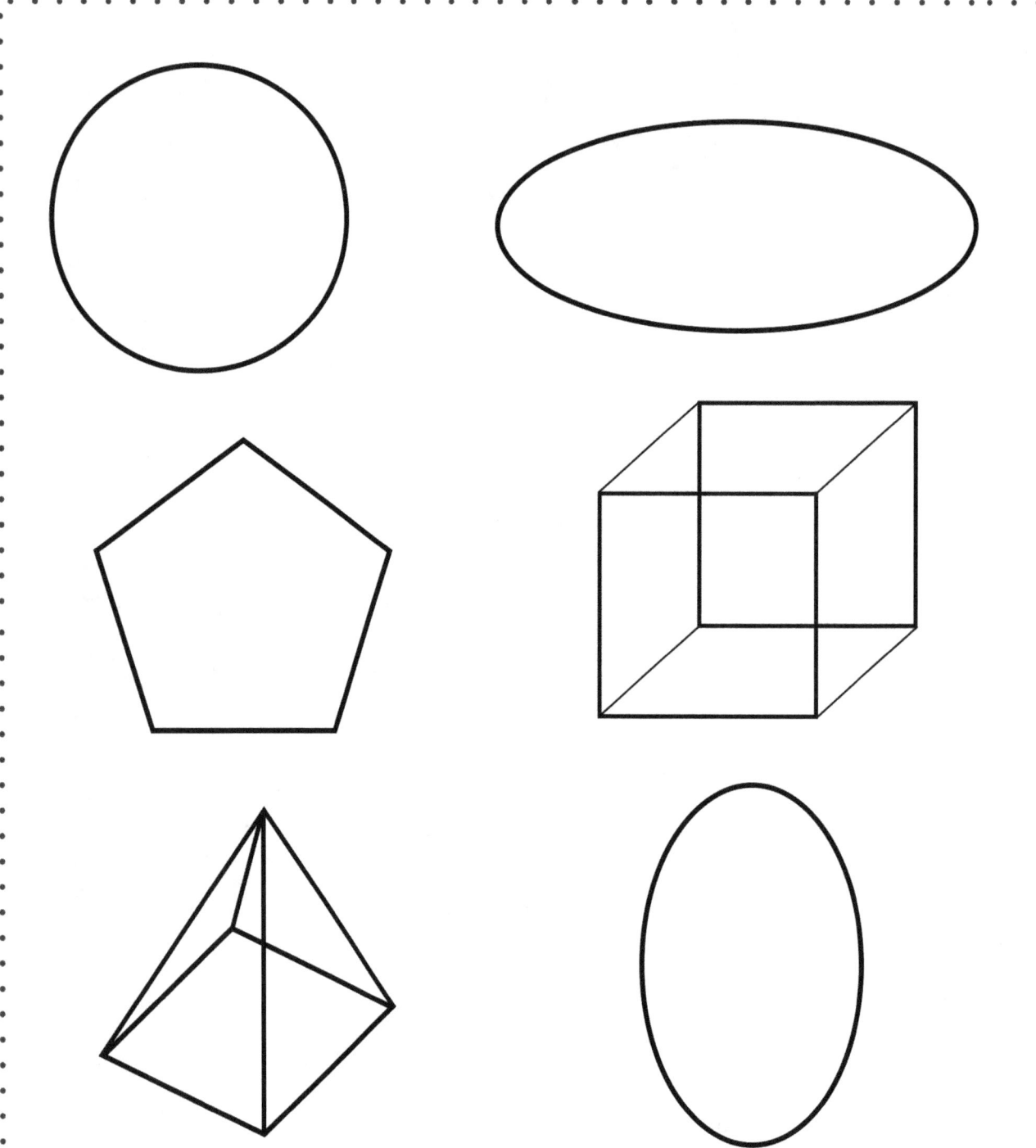

Nombre:_____

Traza, colorea y escribe

*Traza y colorea cada **óvalo** con el crayón correcto.*

Lee la palabra. Traza la palabra. Escribe la palabra por tu cuenta.

| óvalo | óvalo |

Nombre:_____

Óvalo

*Practica dibujar **óvalos**.*

*Practica escribir **óvalo** por tu cuenta.*

Nombre:_____

Cilindro

*Traza los **cilindros**.*

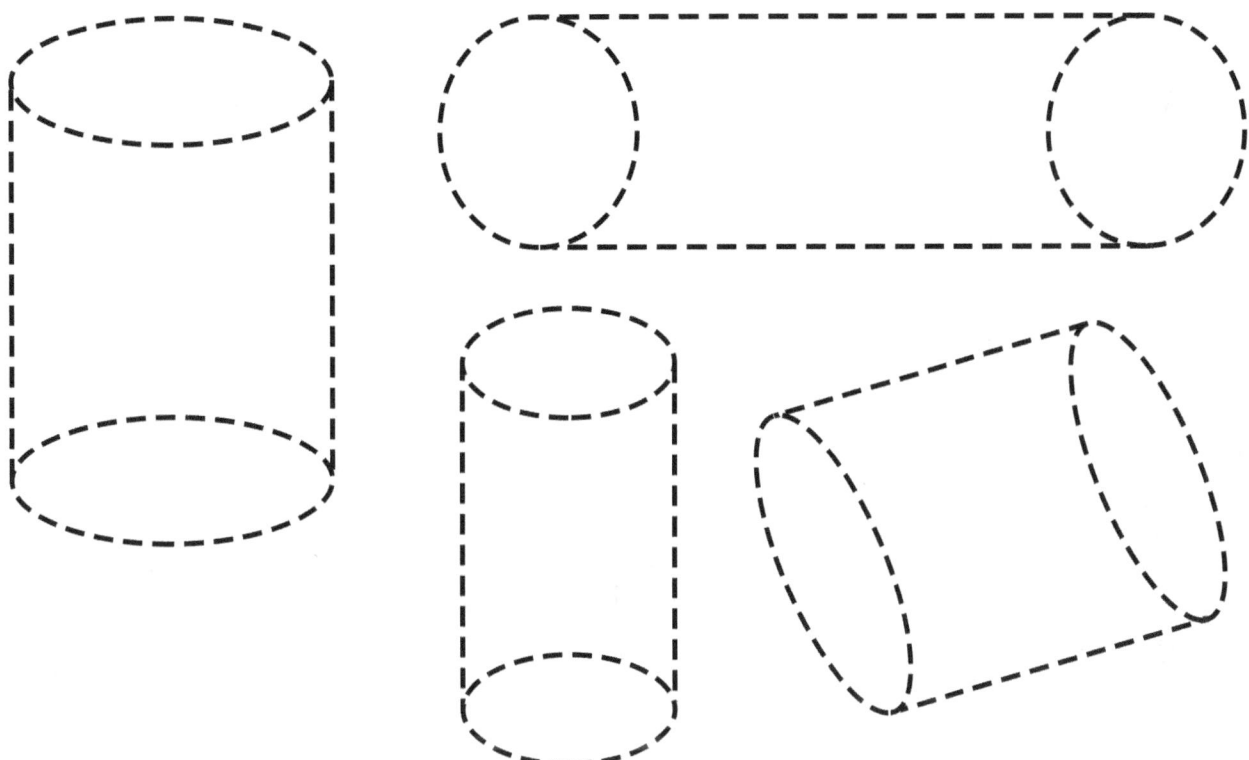

Traza la palabra.

Nombre:_____

Cilindro

*Traza los **cilindros**.*

Denver International SchoolHouse   97

Cilindro

Traza los **cilindros** y luego colorea.

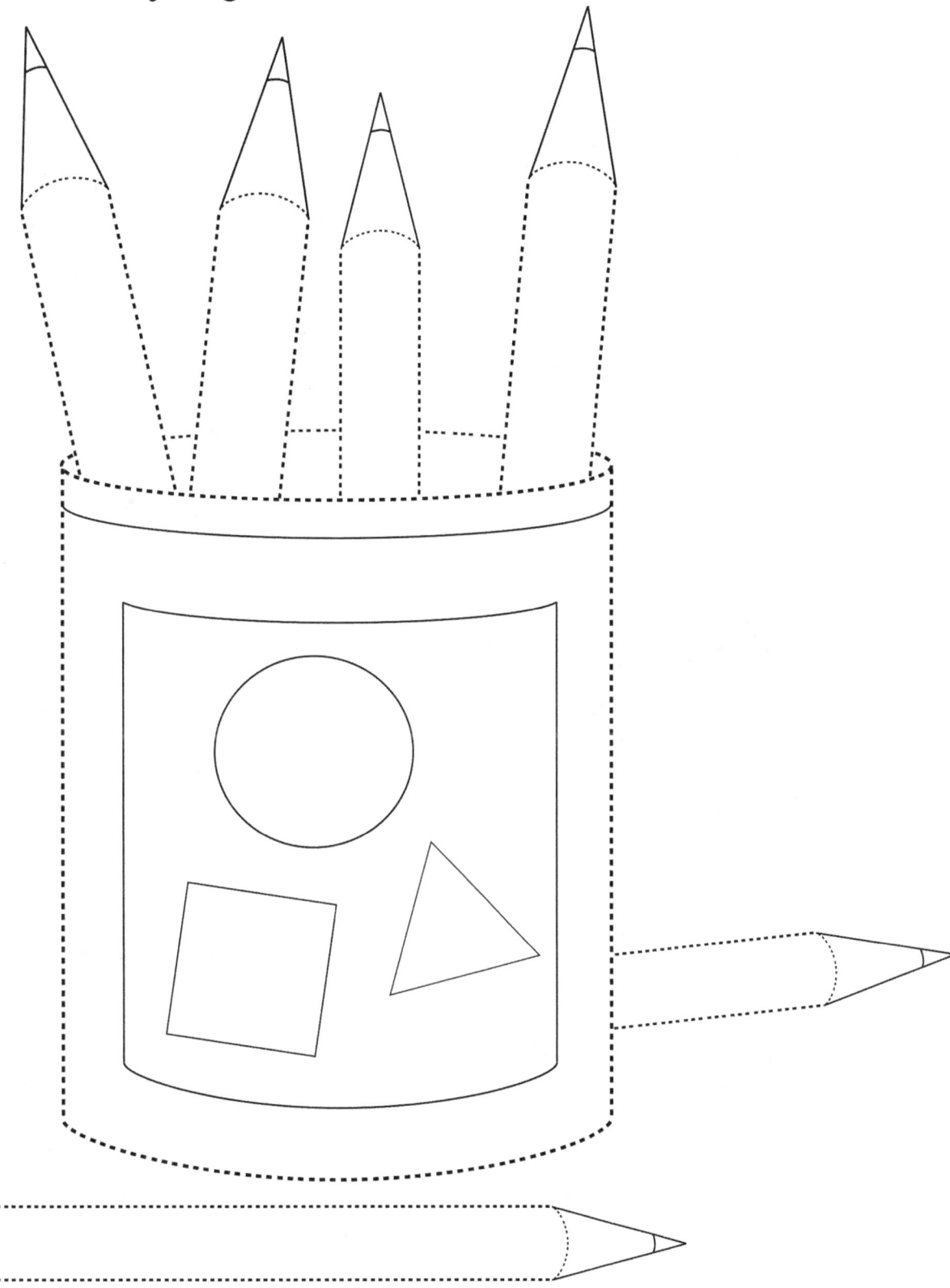

Nombre:_____

Cilindro

Colorea los **cilindros**.

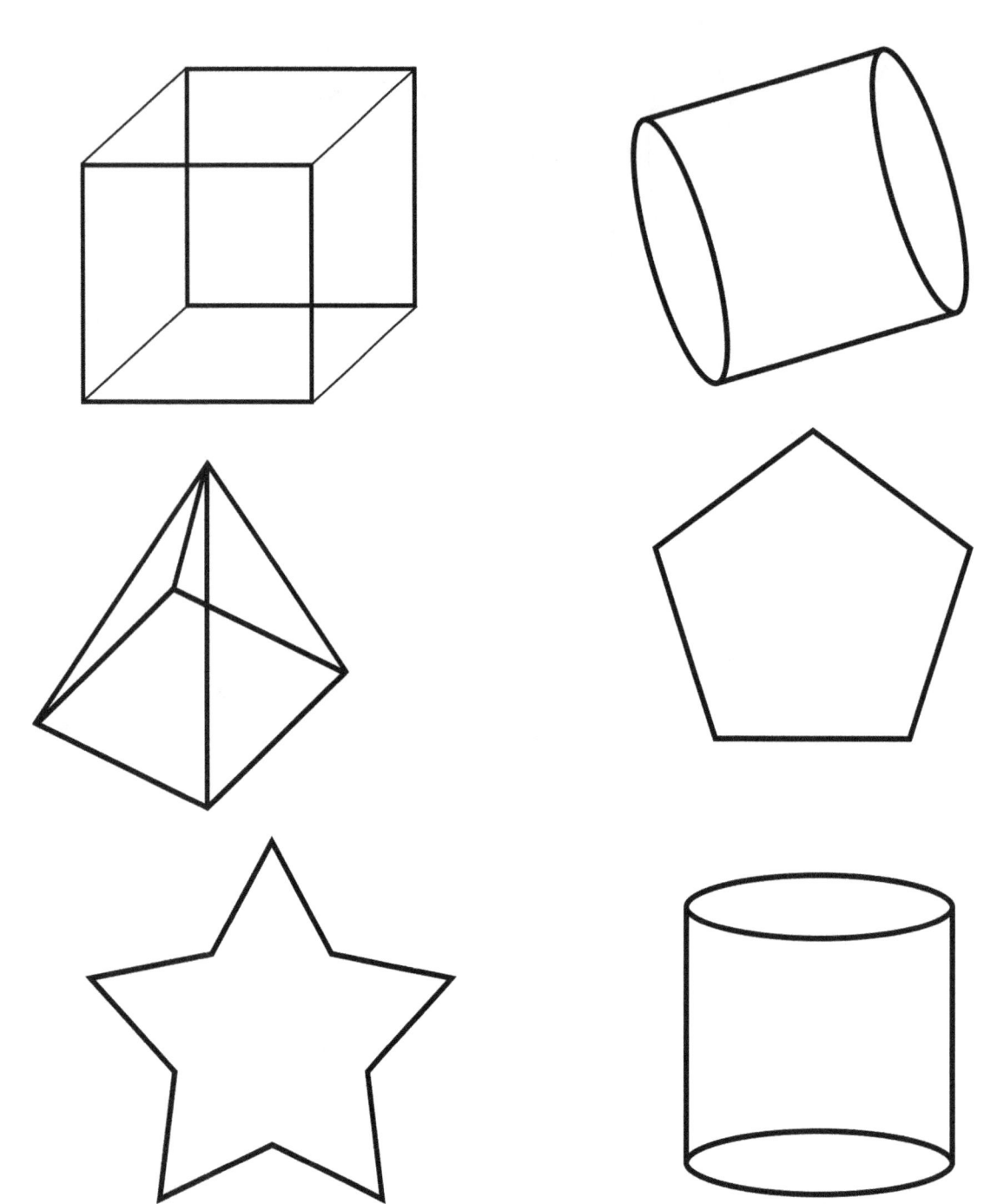

Nombre:_____

Traza, colorea y escribe

Traza y colorea cada **cilindro** con el crayón correcto.

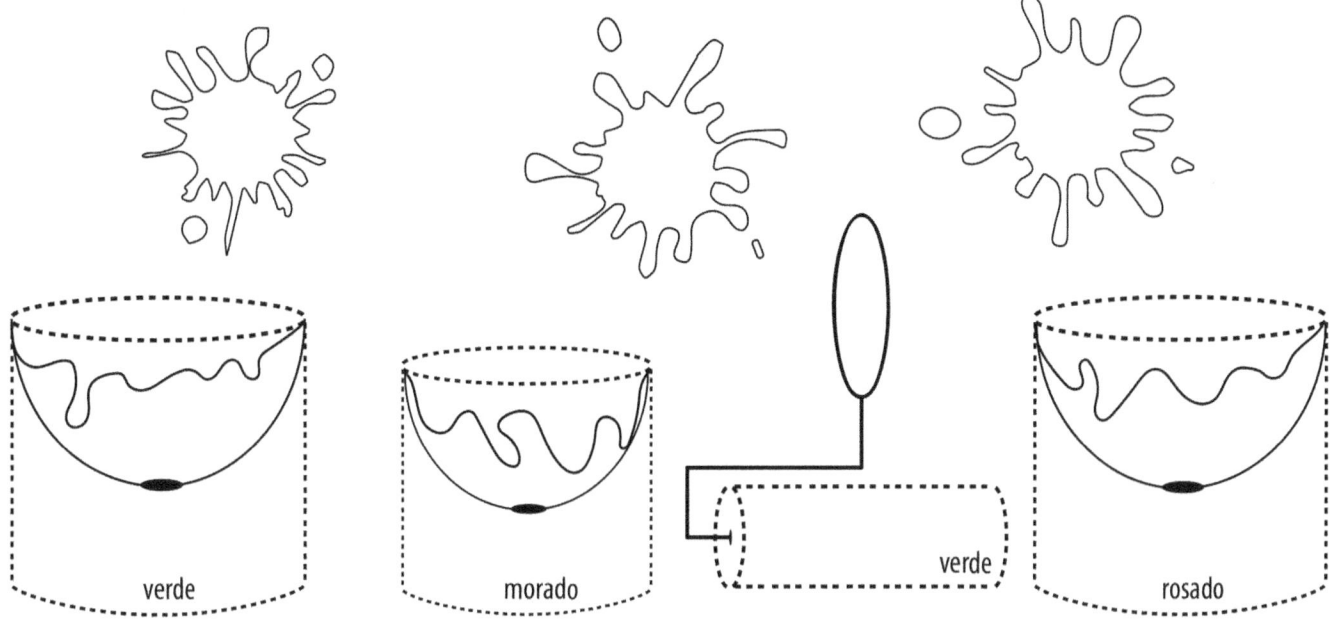

Lee la palabra. Traza la palabra. Escribe la palabra por tu cuenta.

| cilindro | cilindro |

Nombre:_____

Cilindro

*Practica dibujar **cilindros**.*

*Practica escribir **cilindro** por tu cuenta.*

Revisión de figuras

Nombre:_____

Enlaza las figuras iguales y coloréalas con el crayón correcto.

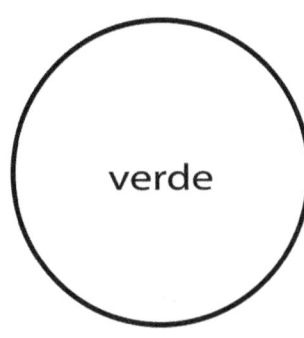
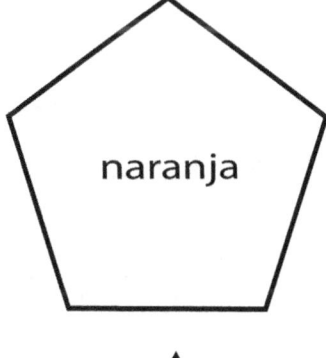
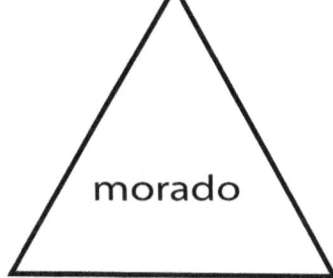

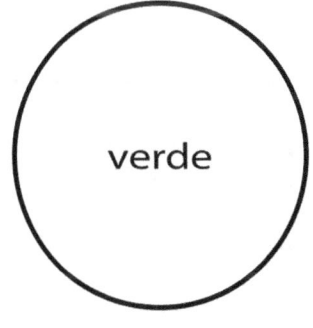
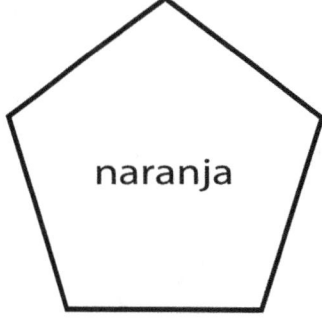

Nombre:_____

Revisión de figuras

Enlaza las figuras iguales y colorealas con el crayón correcto.

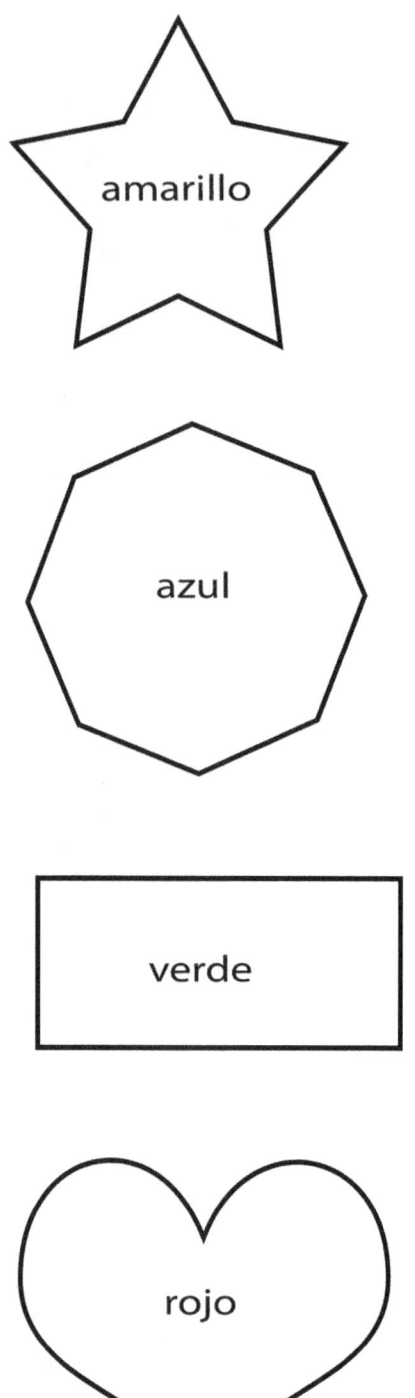
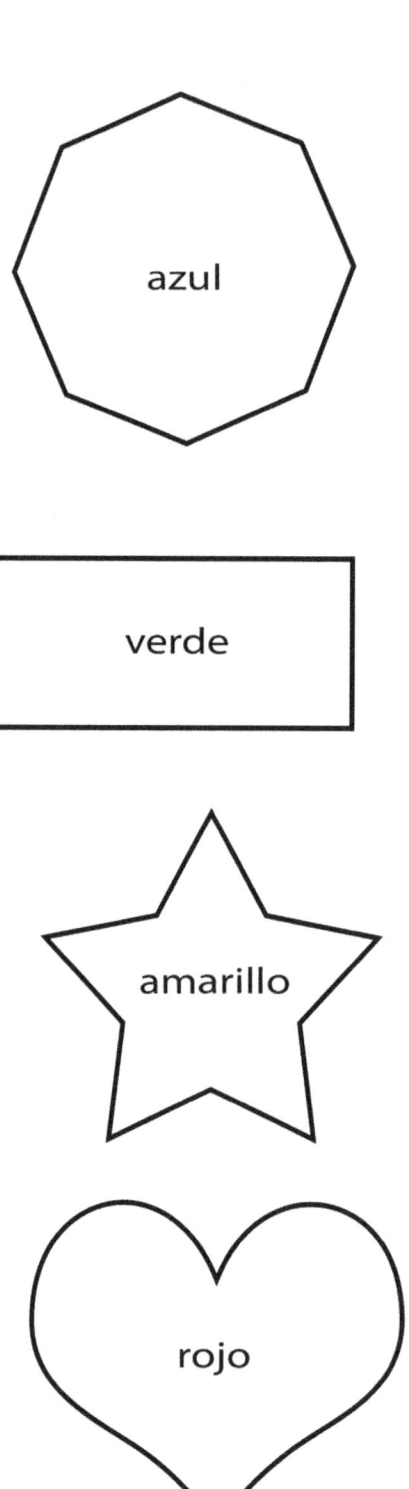

Denver International SchoolHouse

Nombre:_____

Revisión de figuras

Enlaza las figuras iguales y coloréalas con el crayón correcto.

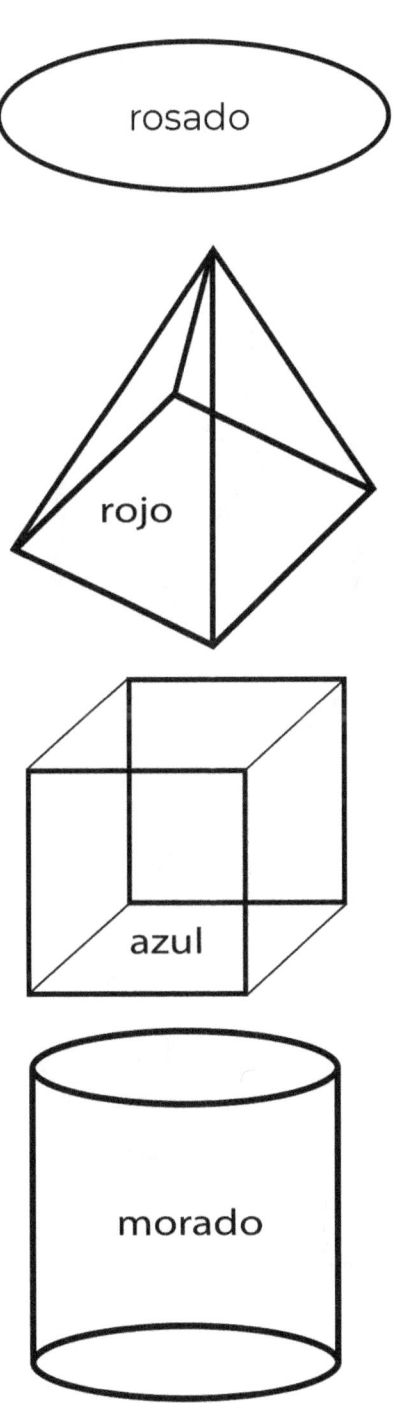
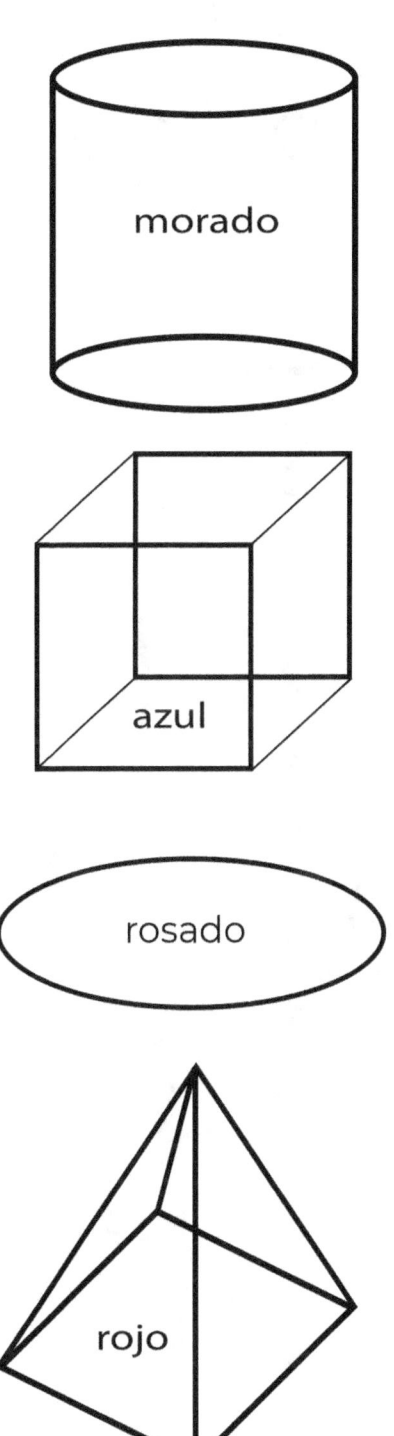

Nombre:_____

Revisión de figuras

Colorea la figura con el crayón correcto.

○ = Verde   ☆ = Amarillo

♡ = Rojo   □ = Azul

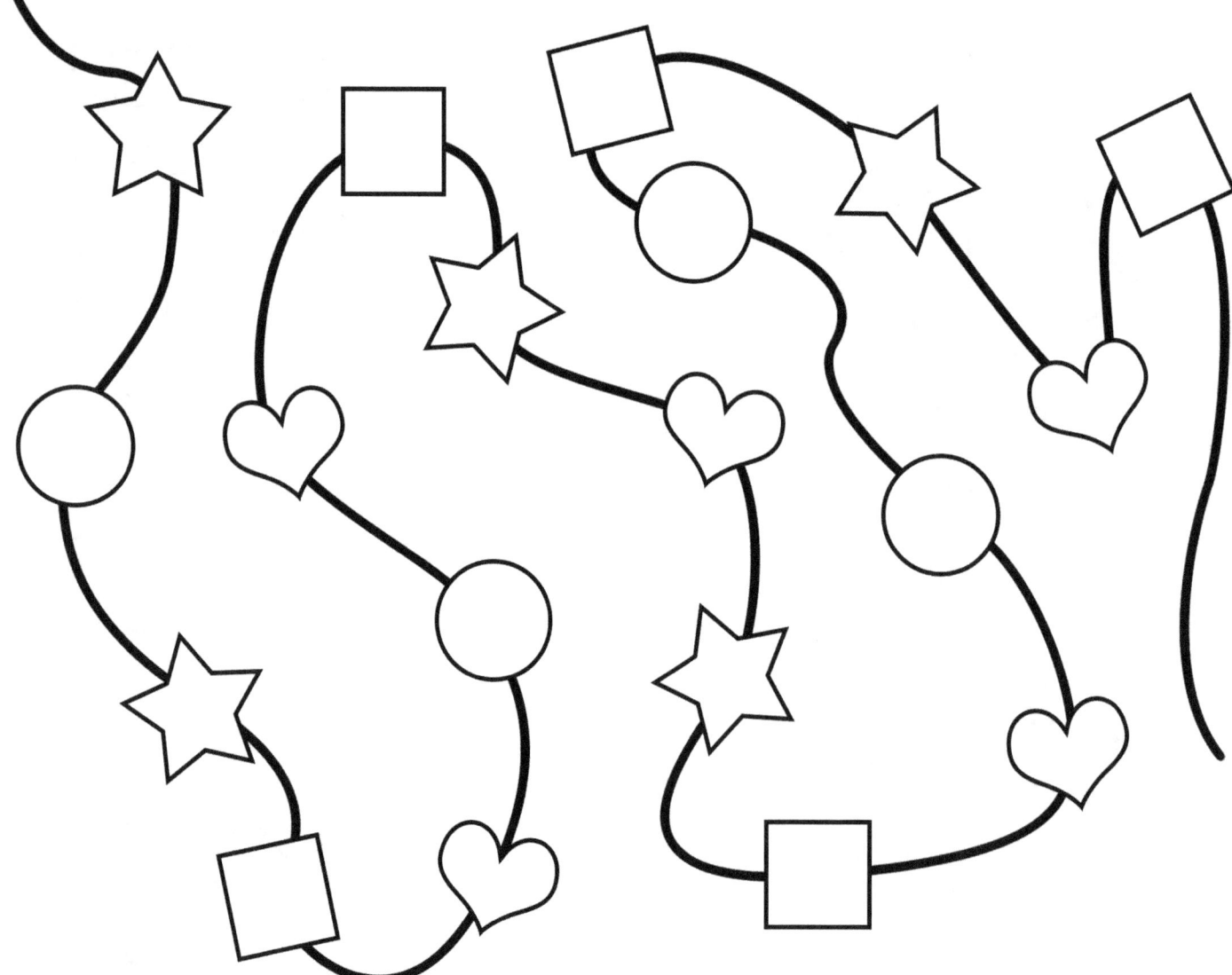

Nombre:_____

Revisión de figuras

Colorea la figura con el crayón correcto.

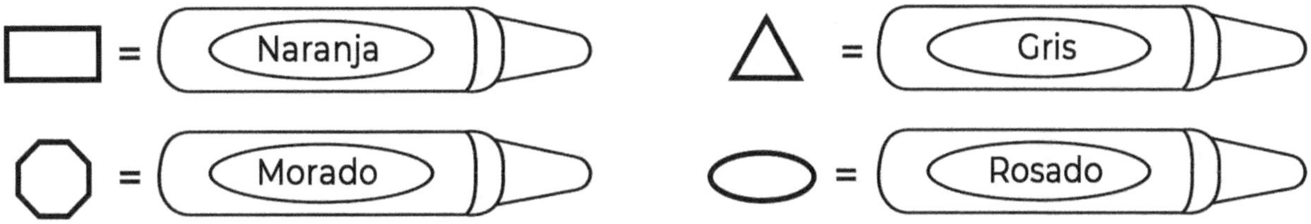

☐ = Naranja   △ = Gris

⯃ = Morado   ⬭ = Rosado

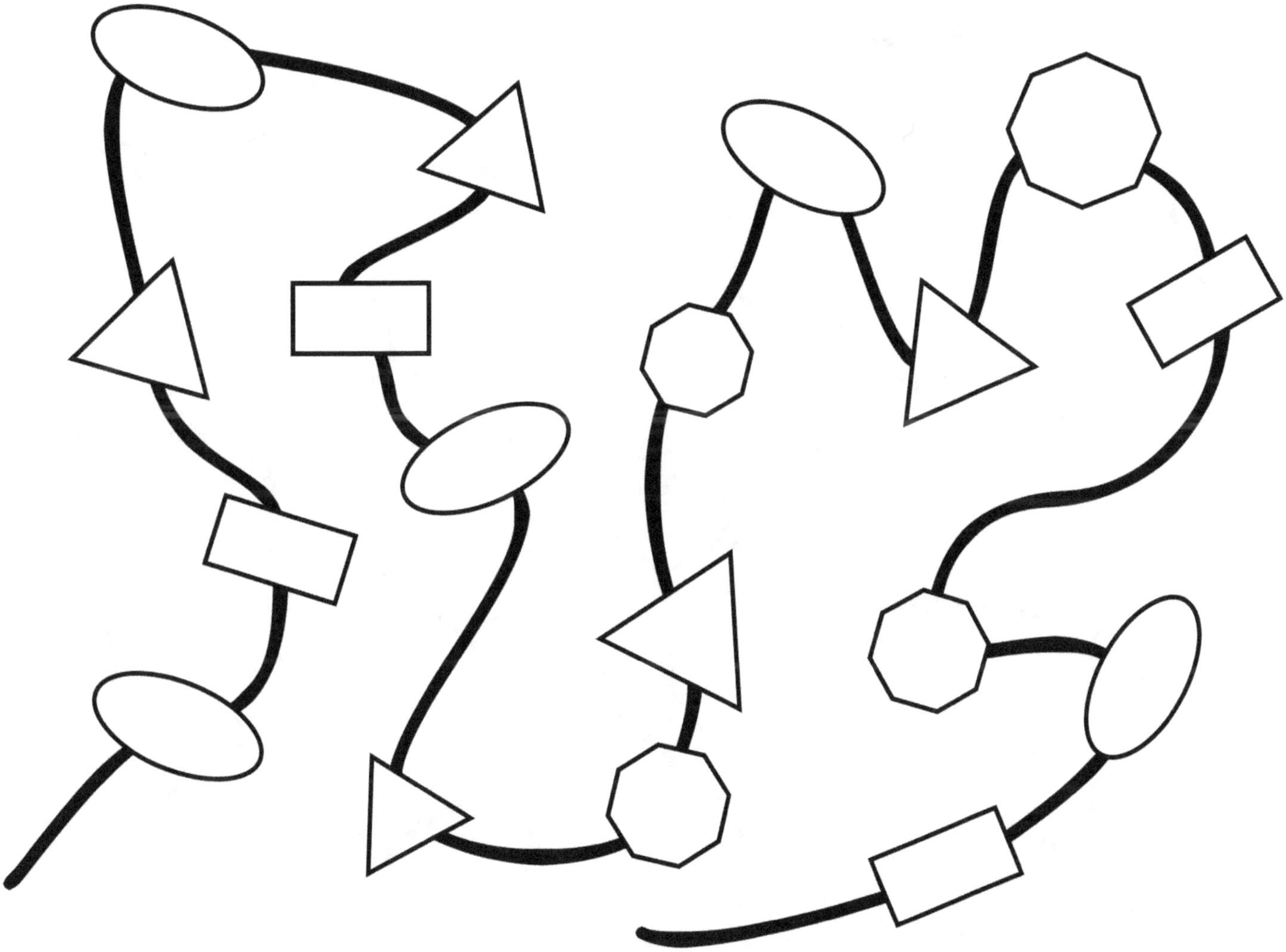

Revisión de figuras

Colorea la figura con el crayón correcto.

♡ = Azul   ⬡ = Amarillo
☆ = Rosado   △ = Verde

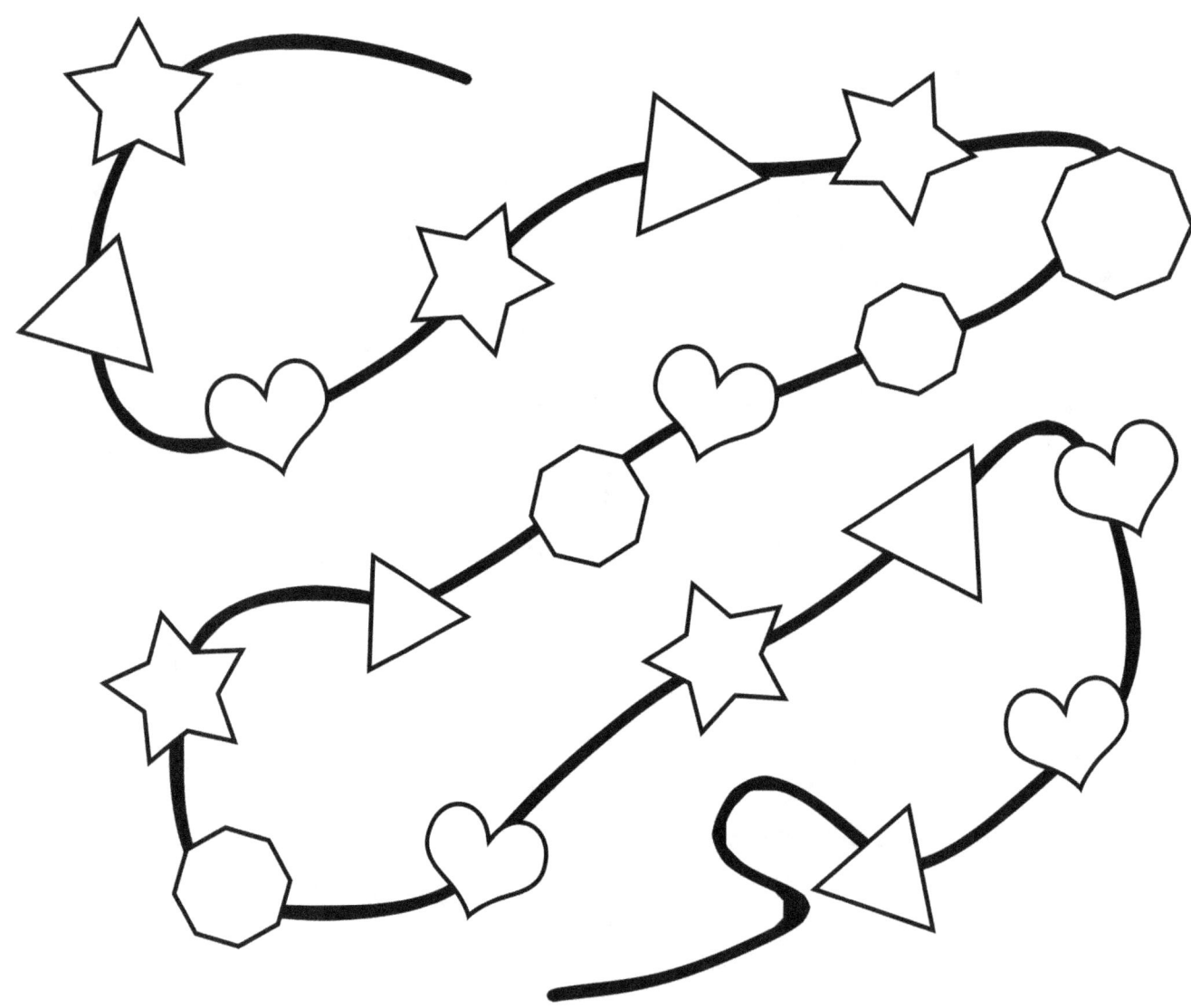

Nombre:_____

Revisión de figuras

Cuenta y colorea la figura con el crayón correcto.

¿Cuantas ☆ hay? -----------   ¿Cuantos ♡ hay? -----------

¿Cuantos ⬡ hay? -----------

108   Denver International SchoolHouse

Nombre:_____

Revisión de figuras

Cuenta y colorea la figura con el crayón correcto.

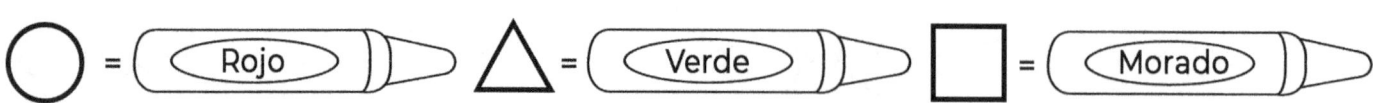

○ = Rojo   △ = Verde   □ = Morado

¿Cuantos ○ hay? ----------

¿Cuantos □ hay? ----------

¿Cuantos △ hay? ----------

Nombre:_____

Revisión de figuras

Cuenta y colorea la figura con el crayón correcto.

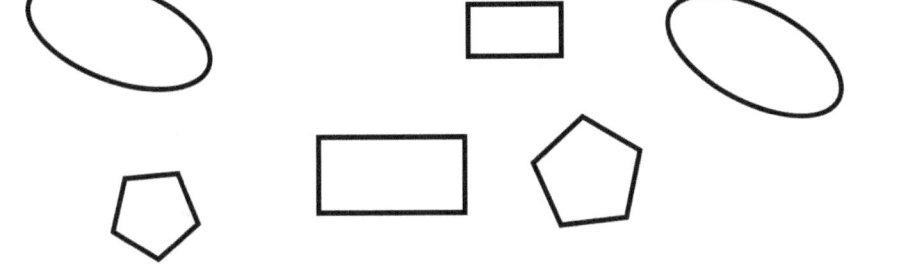

¿Cuantos ▭ hay? ----------

¿Cuantos ⬠ hay? ----------

¿Cuantos ⬭ hay? ----------

Denver International SchoolHouse

Revisión de figuras

Cuenta y colorea la figura con el crayón correcto.

¿Cuantos ⬠ hay? ----------

¿Cuantas ☆ hay? ----------

¿Cuantos ☐ hay? ----------

Nombre:_____

Revisión de figuras

Traza una línea haciendo coincidir la figura con la imagen correspondiente.

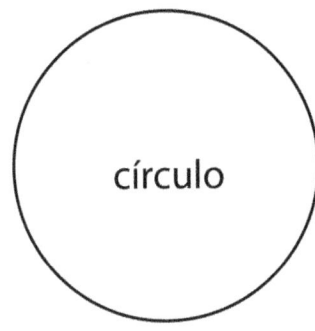 círculo

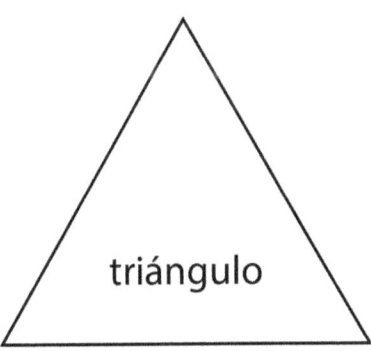 cuadrado

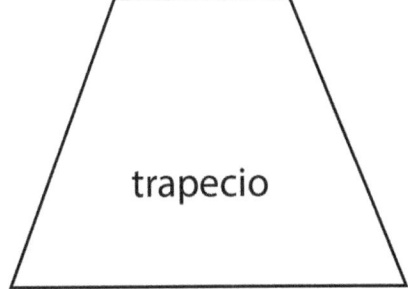 triángulo

trapecio

Revisión de figuras

Traza una línea haciendo coincidir la figura con la imagen correspondiente.

pentágono

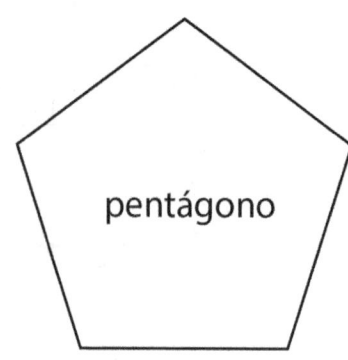

rectángulo

estrella

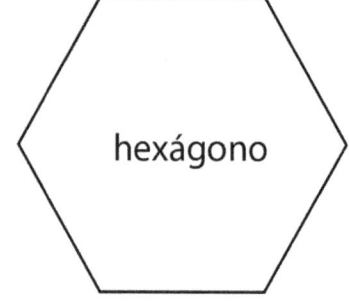

hexágono

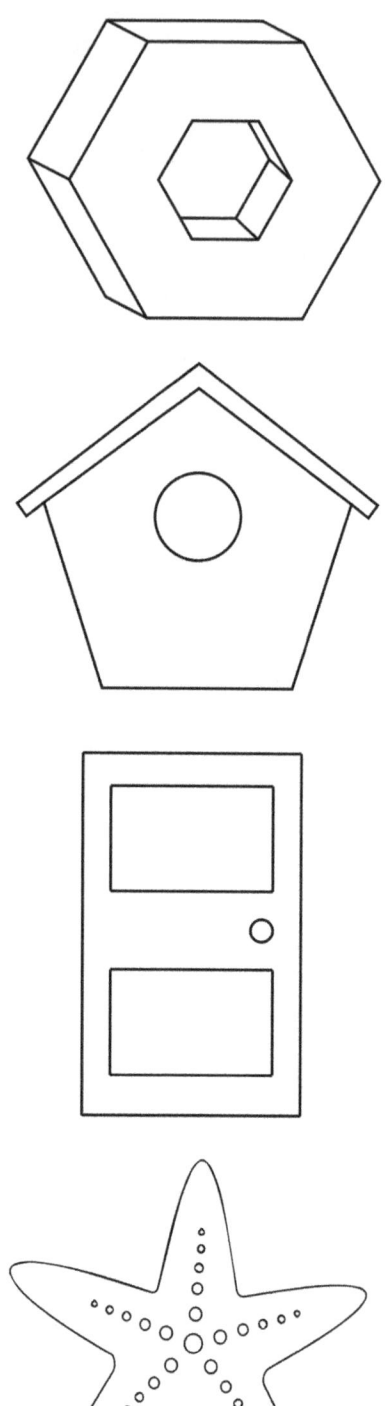

Nombre:_____

Revisión de figuras

Traza una línea haciendo coincidir la figura con la imagen correspondiente.

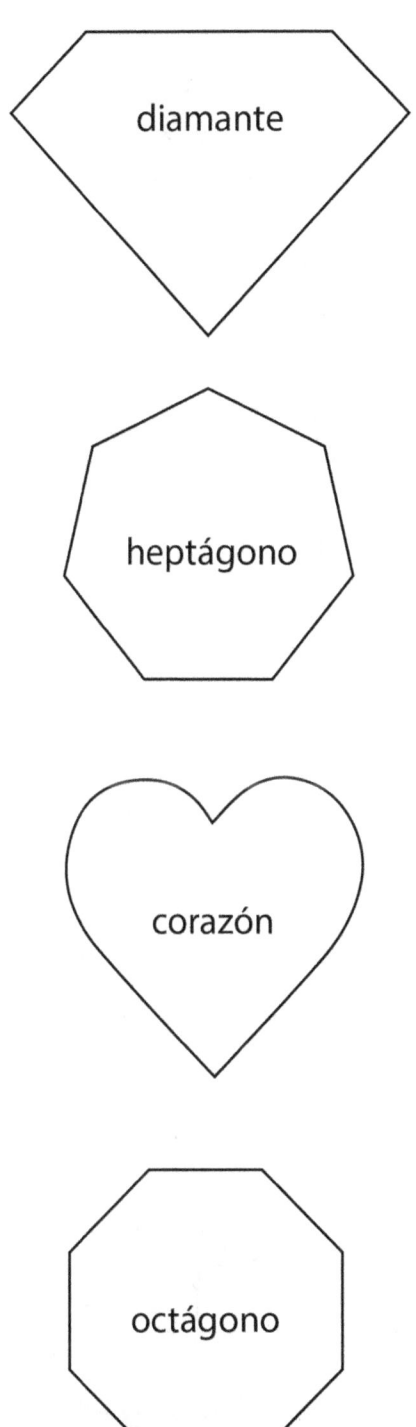

114 Denver International SchoolHouse

Revisión de figuras

Traza una línea haciendo coincidir la figura con la imagen correspondiente.

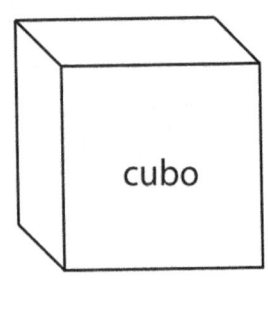
cubo

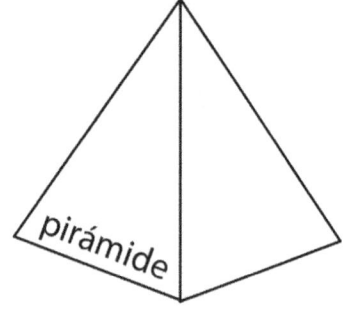
pirámide

cilindro

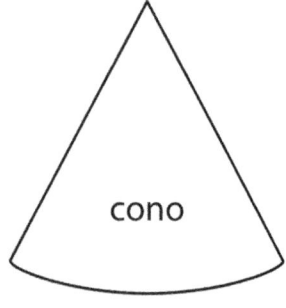
cono

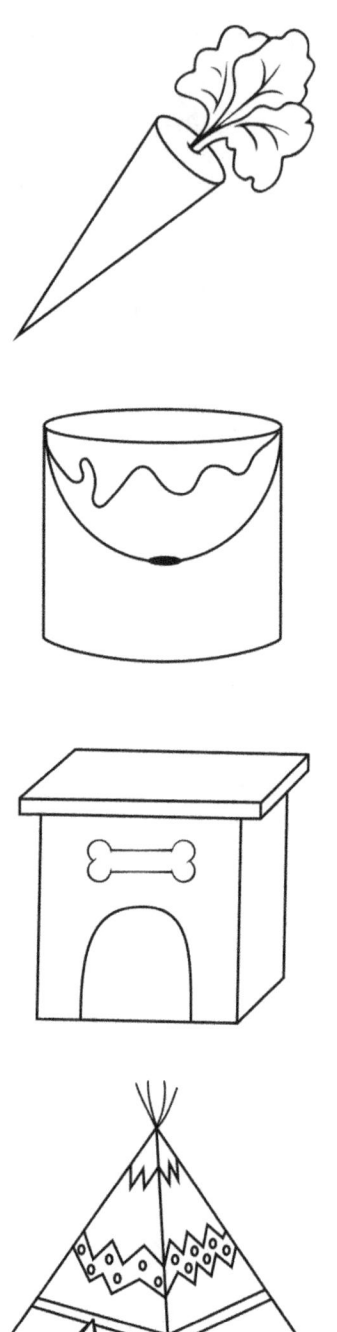

Revisión de figuras

Traza una línea haciendo coincidir la figura con la imagen correspondiente.

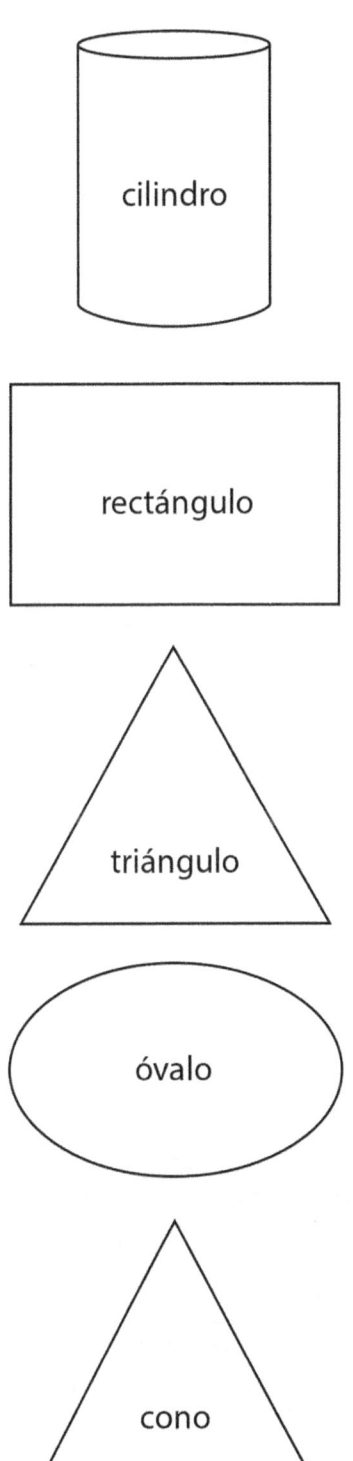

Nombre:_____

Revisión de figuras

Colorea las figuras geométricas iguales con un mismo crayón y el resto de la imagen con tu crayón favorito.

Denver International SchoolHouse

Nombre:_____

Revisión de figuras

Colorea las figuras geométricas iguales con un mismo crayón y el resto de la imagen con tu crayón favorito.

Revisión de figuras

Colorea las figuras geométricas iguales con un mismo crayón y el resto de la imagen con tu crayón favorito.

Denver International SchoolHouse

Nombre:_____

Revisión de figuras

Colorea las figuras geométricas iguales con un mismo crayón y el resto de la imagen con tu crayón favorito.

Nombre:_____

Revisión de figuras

Colorea las figuras geométricas iguales con un mismo crayón y el resto de la imagen con tu crayón favorito.

Denver International SchoolHouse

Nombre:_____

Revisión de figuras

Colorea las figuras geométricas iguales con un mismo crayón y el resto de la imagen con tu crayón favorito.

Nombre:_____

Revisión de figuras

Colorea las figuras geométricas iguales con un mismo crayón y el resto de la imagen con tu crayón favorito.

Denver International SchoolHouse

*Nombre:*_____

Revisión de figuras

Colorea las figuras geométricas iguales con un mismo crayón y el resto de la imagen con tu crayón favorito.

Revisión de figuras

Colorea las figuras geométricas iguales con un mismo crayón y el resto de la imagen con tu crayón favorito.

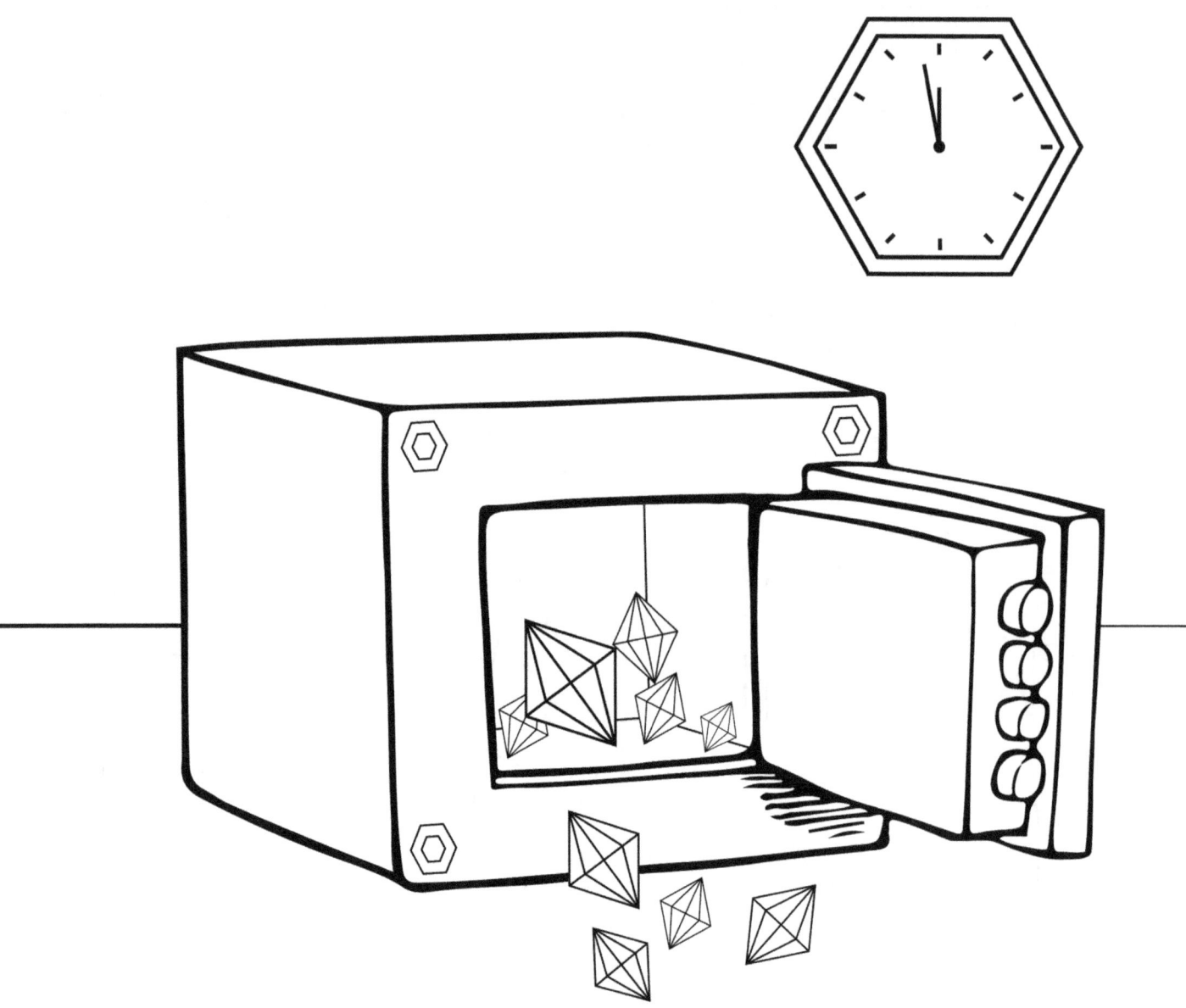

Denver International SchoolHouse

Nombre:_____

Revisión de figuras

Colorea las figuras geométricas iguales con un mismo crayón y el resto de la imagen con tu crayón favorito.

Denver International SchoolHouse

Contáctenos:

Web: www.dispreschool.com

Teléfono: (303) 928-7535

Facebook: @dispreschool

Twiter: @DISPreschool

Dirección: 6295 S Main St B113, Aurora, CO 80016

www.ingramcontent.com/pod-product-compliance
Lightning Source LLC
Chambersburg PA
CBHW081416080526
44589CB00016B/2551